LES
AUTEURS LATINS

EXPLIQUÉS D'APRÈS UNE MÉTHODE NOUVELLE

PAR DEUX TRADUCTIONS FRANÇAISES

L'UNE LITTÉRALE ET JUXTALINÉAIRE PRÉSENTANT LE MOT A MOT FRANÇAIS
EN REGARD DES MOTS LATINS CORRESPONDANTS
L'AUTRE CORRECTE ET PRÉCÉDÉE DU TEXTE LATIN

avec des sommaires et des notes

PAR UNE SOCIÉTÉ DE PROFESSEURS

ET DE LATINISTES

VIRGILE

—

LE IIIᵉ LIVRE DE L'ÉNÉIDE

EXPLIQUÉ

PAR M. SOMMER

TRADUIT EN FRANÇAIS ET ANNOTÉ

PAR M. A. DESPORTES

PARIS

LIBRAIRIE DE L. HACHETTE ET Cⁱᵉ

RUE PIERRE-SARRAZIN, Nº 14

(Près de l'École de médecine)

LES

AUTEURS LATINS

EXPLIQUÉS D'APRÈS UNE MÉTHODE NOUVELLE

PAR DEUX TRADUCTIONS FRANÇAISES

Ce livre a été expliqué littéralement par M. Sommer, agrégé des classes supérieures, docteur ès lettres, traduit en français et annoté par M. Aug. Desportes.

Typographie de Ch. Lahure et Cⁱᵉ, rues de Fleurus, 9, et de l'Ouest, 21.

LES
AUTEURS LATINS

EXPLIQUÉS D'APRÈS UNE MÉTHODE NOUVELLE

PAR DEUX TRADUCTIONS FRANÇAISES

L'UNE LITTÉRALE ET JUXTALINÉAIRE PRÉSENTANT LE MOT A MOT FRANÇAIS
EN REGARD DES MOTS LATINS CORRESPONDANTS
L'AUTRE CORRECTE ET PRÉCÉDÉE DU TEXTE LATIN

avec des sommaires et des notes

PAR UNE SOCIÉTÉ DE PROFESSEURS

ET DE LATINISTES

———

VIRGILE

TROISIÈME LIVRE DE L'ÉNÉIDE

———◆◆◆———

PARIS

LIBRAIRIE DE L. HACHETTE ET Cie

RUE PIERRE-SARRAZIN, Nº 14

(Près de l'École de médecine)

———

1862

1861

AVIS

On a réuni par des traits, dans la traduction juxtalinéaire, les mots français qui traduisent un seul mot latin.

On a imprimé en *italiques* les mots qu'il était nécessaire d'ajouter pour rendre intelligible la traduction littérale, et qui n'avaient pas leur équivalent dans le latin.

Enfin, les mots placés entre parenthèses, dans le français, doivent être considérés comme une seconde explication, plus intelligible que la version littérale.

ARGUMENT ANALYTIQUE.

Après le sac de Troie, Énée, réfugié à Antandre avec ceux de ses compagnons qui ont survécu au carnage et à l'incendie, y construit une flotte, s'embarque et aborde en Thrace, où Polydore lui apparaît au milieu d'effrayants prodiges, et lui apprend son cruel trépas, vers 1-77. — Énée se rembarque et se rend à Délos pour y consulter l'oracle. Il gagne la Crète, trompé par une fausse interprétation de l'oracle, 78-120. — A peine a-t-il commencé à s'y établir, que la peste se met dans son camp. Il abandonne la Crète par le conseil de ses pénates, et se dirige vers l'Italie, 121-191. — Il aborde aux Strophades; aventure des Harpies; prédiction de Céléno, 192-258. — Il se remet en mer; il arrive en Épire. Épisode d'Andromaque; conseils et prédiction d'Hélénus, 259-462. — Les Troyens quittent l'Épire et, continuant leur navigation, côtoyent la Sicile jusque vers le mont Etna. Le Grec Achéménide, abandonné par Ulysse dans l'antre de Polyphême, raconte aux Troyens les cruautés du Cyclope. Polyphême se montre à eux et les poursuit en vain, 463-681. — Énée lève l'ancre, et, fidèle aux avis d'Hélénus, évite Charybde et Scylla, longe, par un circuit, les rivages de la Sicile, et arrive enfin au port de Drépane, 682-708. — Mort d'Anchise. Énée, faisant voile vers l'Italie, essuie une tempête qui le jette sur les côtes d'Afrique. Fin du récit d'Énée, 708-715.

ÆNEIS.

LIBER III.

Postquam res Asiæ Priamique evertere gentem
Immeritam visum Superis, ceciditque superbum
Ilium [1], et omnis humo fumat Neptunia Troja,
Diversa exsilia et desertas quærere terras
Auguriis agimur Divum, classemque sub ipsa   5
Antandro et Phrygiæ molimur montibus Idæ [2],
Incerti quo fata ferant, ubi sistere detur ;
Contrahimusque viros. Vix prima inceperat æstas,
Et pater Anchises dare fatis vela jubebat,
Littora quum patriæ lacrymans portusque relinquo ,   10
Et campos ubi Troja fuit [3]. Feror exsul in altum
Cum sociis, natoque, Penatibus, et magnis Dis.
Terra procul vastis colitur Mavortia campis,
Thraces arant, acri quondam regnata Lycurgo ,
Hospitium antiquum Trojæ, sociique penates,   15

Il avait plu aux dieux de renverser le grand empire de l'Asie, et
la famille de Priam, qui ne méritait pas un tel malheur. Ilion était
tombé, et ses superbes murailles, ouvrage de Neptune, n'étaient
plus qu'un amas de ruines fumantes. Les augures des dieux nous
forcèrent d'aller chercher au loin une contrée sauvage et déserte,
retraite à notre exil. Sous les hauteurs d'Antandre, au pied du
mont Ida, nous construisons une flotte, sans savoir sur quels bords
nous porteront les destins, en quel lieu il nous sera permis de nous
fixer. Nous réunissons nos guerriers. Le printemps renaissait à
peine. Anchise, mon père, veut qu'on abandonne les voiles aux
vents et qu'on se livre aux destins. Je quitte en pleurant les rivages de ma patrie, et le port, et les champs où fut Troie. Exilé
loin de ces bords, la vaste mer m'emporte avec mes compagnons,
mon fils, les pénates de ma famille et les grands dieux de l'empire.
Il est au loin une vaste région consacrée au dieu Mars, habitée par
les Thraces, et que jadis gouverna le sévère Lycurgue. Une antique
hospitalité, une douce et fraternelle alliance l'unirent à Troie, tant

ÉNÉIDE.

LIVRE III.

Postquam visum
superis
evertere res Asiæ
gentemque Priami
immeritam,
superbumque Ilium cecidit,
et Troja Neptunia
fumat omnis humo,
agimur
auguriis divum
quærere exsilia diversa
et terras desertas,
molimurque classem
sub Antandro ipsa
et montibus Idæ Phrygiæ,
incerti quo fata ferant,
ubi detur sistere;
contrahimusque viros.
Vix prima æstas
inceperat,
et pater Anchises jubebat
dare vela fatis,
quum relinquo lacrymans
littora portusque patriæ,
et campos ubi fuit Troja.
Feror exsul in altum
cum sociis, natoque,
penatibus, et magnis dis.
    Procul,
terra Mavortia colitur
vastis campis,
Thraces arant,
regnata quondam
acri Lycurgo;
hospitium antiquum Trojæ,
penatesque socii,
dum fortuna fuit.

Après qu'il eut paru *bon*
aux *dieux* d'en-haut
de renverser la puissance de l'Asie
et la nation de Priam
qui-ne-*l*'avait-pas-mérité,
et que le superbe Ilion fut tombé,
et que la Troie de-Neptune
fume tout-entière à terre,
nous sommes poussés
par les augures des dieux
à chercher des exils (des refuges) éloignés
et des terres désertes,
et nous construisons une flotte
sous Antandre même
et au pied des monts de l'Ida de-Phrygie,
incertains où les destins *nous* porteront,
où il *nous* sera donné de nous arrêter;
et nous rassemblons des hommes.
A peine le premier été (le printemps)
avait commencé,
et *mon* père Anchise ordonnait
d'abandonner les voiles aux destins,
lorsque je quitte en pleurant
les rivages et les ports de la patrie,
et les champs où fut Troie.
Je suis porté exilé vers la haute *mer*
avec *mes* compagnons, et *mon* fils,
mes pénates, et *mes* grands dieux.
    A une certaine distance,
la terre de-Mars est cultivée
dans *ses* vastes champs,
les Thraces *la* labourent,
elle a été gouvernée autrefois
par le sévère Lycurgue;
hospitalité antique de Troie,
et pénates alliés *de nos pénates*,
tant qu'une *heureuse* fortune fut *à nous*,

Dum fortuna fuit. Feror huc, et littore curvo
Mœnia prima loco, fatis ingressus iniquis,
Æneadasque [1] meo nomen de nomine fingo.
  Sacra Dionææ [2] matri Divisque ferebam
Auspicibus cœptorum operum, superoque nitentem   20
Cœlicolum regi mactabam in littore taurum.
Forte fuit juxta tumulus, quo cornea summo
Virgulta, et densis hastilibus horrida myrtus [3].
Accessi, viridemque ab humo convellere silvam
Conatus, ramis tegerem ut frondentibus aras,   25
Horrendum et dictu video mirabile monstrum.
Nam, quæ prima solo ruptis radicibus arbos
Vellitur, huic atro liquuntur sanguine guttæ,
Et terram tabo maculant. Mihi frigidus horror
Membra quatit, gelidusque coit formidine sanguis.   30
Rursus et alterius lentum convellere vimen
Insequor, et causas penitus tentare latentes;
Ater et alterius sequitur de cortice sanguis.
Multa movens animo, Nymphas venerabar agrestes,

que Troie fut florissante. C'est là que je suis porté par les vents; c'est là que, sur la rive sinueuse des mers, je jette, sous de funestes auspices, les premiers fondements d'une ville que, de mon nom, j'appelle Énéade.

Un jour j'offrais un sacrifice à Vénus, ma mère, aux dieux protecteurs de mes travaux commencés; j'immolais, sur le bord de la mer, un taureau blanc comme la neige au grand Dieu maître de tous les dieux. Près de là s'élevait un tertre où les cornouillers et les myrtes poussaient leurs tiges serrées. Je m'approche; je m'efforce d'arracher de terre quelques arbrisseaux verdoyants pour parer de feuillage les autels du sacrifice, quand tout à coup, ô prodige effrayant, incroyable! du premier arbuste que j'enlève, en rompant ses racines, coulent des gouttes d'un sang noir qui souille la terre de taches impures. Je sens, à cette vue, tout mon corps frissonner, et mon sang se glacer dans mes veines. J'essaye alors d'arracher un second arbuste pour pénétrer les causes de ce mystère; le prodige se renouvelle : un sang noir découle encore de cette seconde tige. Agité de mille pensées, je prie les nymphes des bois et le puissant dieu de

Feror huc,
et littore curvo
loco prima mœnia,
ingressus fatis iniquis,
fingoque nomen Æneadas
de meo nomine.

Ferebam sacra
matri Dionææ,
divisque auspicibus
operum cœptorum,
mactabamque in littore
taurum nitentem
regi supero cœlicolum.
Forte fuit juxta tumulus,
quo summo
virgulta cornea,
et myrtus horrida
hastilibus densis.
Accessi,
conatusque
convellere ab humo
silvam viridem,
ut tegerem aras
ramis frondentibus,
video monstrum horrendum
et mirabile dictu.
Nam arbos
quæ prima vellitur solo,
radicibus ruptis,
huic guttæ liquuntur
sanguine atro,
et maculant terram tabo.
Frigidus horror
quatit mihi membra,
sanguisque gelidus
coit formidine.
Rursus insequor
convellere vimen lentum
et alterius,
et tentare penitus
causas latentes;
anguis ater sequitur
de cortice et alterius.
Movens animo
multa,
venerabar
nymphas agrestes,

Je me porte là,
et sur le rivage courbe
j'établis les premiers murs
étant entré avec des destins contraires,
et je fais (j'imagine) le nom d'Énéades
de mon nom.

Je portais (je faisais) des sacrifices
à ma mère Dionéenne,
et aux dieux protecteurs
de mes travaux commencés,
et j'immolais sur le rivage
un taureau éclatant de blancheur
au roi d'en-haut des habitants-du-ciel.
Par hasard il y avait près de là un tertre,
sur lequel le plus élevé (au sommet duquel)
étaient des pousses de-cornouiller,
et un myrte hérissé
de branches serrées.
Je m'en approchai,
et ayant fait-effort
pour arracher de terre
un arbuste vert,
afin que je couvrisse les autels
de rameaux feuillus,
je vois un prodige effroyable
et étonnant à être dit.
Car l'arbre
qui le premier est arraché du sol,
ses racines étant rompues,
à (de) cet arbre des gouttes coulent
d'un sang noir,
et tachent la terre de pus.
Une froide horreur
secoue (fait trembler) à moi les membres,
et mon sang glacé
se fige de crainte.
De nouveau je poursuis (j'essaye)
d'arracher la tige flexible
d'un autre arbre encore,
et de sonder jusqu'au fond
les causes cachées de ce prodige;
un sang noir suit (coule)
de l'écorce de cet autre arbre aussi.
Agitant dans mon esprit
de nombreuses conjectures,
je priais
les nymphes champêtres,

Gradivumque patrem, Geticis qui præsidet arvis,　　　　35
Rite secundarent visus, omenque levarent.
Tertia sed postquam majore hastilia nisu
Aggredior, genibusque adversæ obluctor arenæ....
Eloquar, an sileam? gemitus lacrymabilis imo
Auditur tumulo, et vox reddita fertur ad aures :　　　　40
« Quid miserum, Ænea, laceras? jam parce sepulto ;
Parce pias scelerare manus. Non me tibi Troja
Externum tulit, aut cruor hic de stipite manat.
Heu! fuge crudeles terras, fuge littus avarum.
Nam Polydorus ego : hic confixum ferrea texit　　　　45
Telorum seges, et jaculis increvit acutis. »
Tum vero ancipiti mentem formidine pressus
Obstupui, steteruntque comæ, et vox faucibus hæsit [1].
　Hunc Polydorum auri quondam cum pondere magno
Infelix Priamus furtim mandarat alendum　　　　50
Threicio regi, quum jam diffideret armis
Dardaniæ, cingique urbem obsidione videret.

---

la guerre, qui préside aux campagnes des Gètes, de rendre ce prodige
favorable, d'en écarter le funeste présage; mais au moment où,
d'un genou pressant la terre, et luttant d'un plus vigoureux effort
contre le sol, j'attaque un troisième arbuste pour le déraciner, (le
dirai-je? faut-il le taire?) un gémissement lamentable sort des pro-
fondeurs du tertre, et ces tristes accents frappent mon oreille :
« O Énée, pourquoi déchirer un malheureux? Épargne ma tombe,
épargne un crime à tes mains pieuses. Troyen comme toi, je ne te
suis pas étranger, et le sang que tu vois ne coule pas d'une écorce
insensible. Fuis cette cruelle contrée, fuis ce séjour de l'avarice. Je
suis Polydore. Ici même je tombai percé de mille traits. Ces pointes
aiguës ont pris racine sur ma tombe. » A ces mots, l'esprit plein de
trouble et de terreur, je sens mes cheveux se dresser sur ma tête,
je demeure immobile et sans voix.

　Polydore était fils de Priam. Jadis l'infortuné monarque, voyant
Troie investie de tous côtés, et pressentant déjà l'inutilité de nos
efforts pour la défendre, avait secrètement envoyé cet enfant, avec
beaucoup d'or, au roi de Thrace, pour qu'il prît soin de l'élever;
mais cet hôte perfide, aussitôt que la puissance troyenne fut abat-

Gradivumque patrem,	et Mars père (auguste),
qui præsidet arvis Geticis :	qui préside aux champs des-Gètes :
secundarent rite	qu'ils rendissent-favorable heureusement
visus,	*cette* vision,
levarentque omen.	et qu'ils écartassent *ce* présage.
Sed postquam aggredior	Mais après que j'attaque
majore nisu	avec un plus grand effort
tertia hastilia,	une troisième branche,
obluctorque genibus	et que je lutte avec *mes* genoux
arenæ	contre le sable (le sol)
adversæ,	opposé (sur lequel je m'appuie)
eloquar, an sileam?	parlerai-je, ou me tairai-je ?
gemitus lacrymabilis	un gémissement lamentable
auditur imo tumulo,	est entendu du fond du tombeau,
et vox reddita	et une voix rendue (émise)
fertur ad aures :	est apportée à *mes* oreilles :
« Quid laceras miserum,	« Pourquoi déchires-tu un malheureux,
Ænea?	Énée ?
jam parce sepulto ;	désormais épargne *moi* enseveli ;
parce	épargne (garde-toi)
scelerare	de souiller-d'un-crime
pias manus.	*tes* pieuses mains.
Non Troja	*Il n'est* pas *vrai que* Troie
tulit me externum tibi,	ait porté (engendré) moi étranger à toi,
aut hic cruor manat	ou *que* ce sang coule
de stipite.	d'un tronc *d'arbre*.
Heu! fuge terras crudeles,	Hélas ! fuis *ces* terres cruelles,
fuge littus avarum !	fuis *ce* rivage avide (où règne l'avidité)!
Nam ego Polydorus :	Car je *suis* Polydore : [de pointes de fer)
hic seges ferrea telorum	ici une moisson en-fer de traits (une foule
texit confixum,	a couvert *moi* transpercé,
et increvit	et a crû (s'est développée)
jaculis acutis. »	en javelots aigus. »
Tum vero,	Mais alors,
pressus mentem	oppressé dans mon esprit
formidine ancipiti,	par une crainte incertaine,
obstupui,	je demeurai-dans-la-stupeur,
comæque steterunt,	et *mes* cheveux se dressèrent,
et vox hæsit faucibus.	et *ma* voix resta-attachée à *mon* gosier.
Infelix Priamus	L'infortuné Priam
mandarat quondam furtim	avait confié autrefois en secret [lever)
hunc Polydorum alendum	ce Polydore devant être nourri (pour l'é-
regi Threicio	au roi de-Thrace
cum magno pondere auri,	avec un grand poids d'or,
quum jam diffideret	lorsque déjà il n'avait-plus-confiance
armis Dardaniæ,	dans les armes de la Dardanie,
videretque urbem	et qu'il voyait la ville

Ille, ut opes fractæ Teucrum, et fortuna recessit,
Res Agamemnonias victriciaque arma secutus,
Fas omne abrumpit, Polydorum obtruncat, et auro　　　55
Vi potitur. Quid non mortalia pectora cogis,
Auri sacra fames ? Postquam pavor ossa reliquit,
Delectos populi ad proceres, primumque parentem
Monstra Deum refero, et, quæ sit sententia, posco.
Omnibus idem animus scelerata excedere terra,　　　60
Linquere pollutum hospitium, et dare classibus Austros [1].
Ergo instauramus Polydoro funus, et ingens
Aggeritur tumulo tellus : stant Manibus aræ
Cæruleis mœstæ vittis atraque cupresso,
Et circum Iliades crinem de more solutæ.　　　65
Inferimus tepido spumantia cymbia lacte,
Sanguinis et sacri pateras, animamque sepulcro
Condimus, et magna supremum voce ciemus.
　　Inde, ubi prima fides pelago, placataque venti

---

tue et que la fortune nous eût abandonnés, change avec le sort,
se range du côté d'Agamemnom et de ses armes victorieuses, et, vio-
lant les droits les plus saints, égorge Polydore et s'empare de ses ri-
chesses. A quoi ne pousses-tu pas les mortels, exécrable soif de l'or?
Revenu de ma première épouvante, je rapporte aux principaux chefs
de la nation, et à mon père le premier, le prodige que les dieux
m'ont fait voir, et je leur demande leur conseil. Tous sont d'avis
qu'il faut mettre à la voile et abandonner une terre impie où des
mains homicides ne respectent pas la sainte hospitalité. Cependant
nous rendons à Polydore les devoirs funèbres ; un grand amas de
terre s'élève pour son tombeau; on érige à ses mânes des autels
tristement ornés de sombres bandelettes et de noirs cyprès. Les
femmes d'Ilion pleurent à l'entour, les cheveux épars, selon l'usage.
Nous répandons des vases écumants d'un lait tiède encore et des
coupes pleines du sang des victimes. Enfin, nous enfermons dans son
sépulcre cette âme infortunée, et nous lui adressons, en élevant la
voix, nos derniers adieux.
　　Dès que nous pouvons nous confier à la mer, que les vents lais-

cingi obsidione.	être entourée par un siége.
Ille,	Celui-là (le roi de Thrace),
ut opes Teucrum	dès que les ressources des Troyens
fractæ,	*furent* brisées,
et fortuna recessit,	et que la fortune se fut retirée *d'eux*,
secutus res Agamemnonias	ayant suivi le parti d'-Agamemnon
armaque victricia,	et les armes victorieuses,
abrumpit omne fas,	brise (viole) toute justice,
obtruncat Polydorum,	égorge Polydore,
et vi potitur auro.	et par la violence s'empare de l'or.
Quid non cogis	A quoi ne pousses-tu pas
pectora mortalia,	les cœurs des-mortels,
sacra fames auri?	détestable faim (désir) de l'or?
Postquam pavor	Après que l'épouvante
reliquit ossa,	eut quitté *mes* os,
refero monstra deum	je rapporte les prodiges des dieux
ad proceres delectos populi,	aux grands (aux chefs) choisis du peuple,
parentemque primum,	et à *mon* père le premier,
et posco quæ sit sententia.	et je *leur* demande quel est *leur* avis.
Idem animus omnibus,	La même volonté *est* à tous,
excedere terra scelerata,	de sortir d'une terre souillée-par-le-crime,
linquere	de quitter
hospitium pollutum,	une hospitalité profanée,
et dare Austros classibus.	et de donner les vents à la flotte.
Ergo instauramus funus	Donc nous préparons des funérailles
Polydoro,	à Polydore,
et ingens tellus	et une grande *quantité de* terre
aggeritur tumulo;	est entassée en *forme de* tombeau;
aræ stant Manibus,	des autels sont-debout pour les Mânes,
mœstæ	tristes (ornés en signe de deuil)
vittis cæruleis,	de bandelettes d'une-couleur-sombre,
atraque cupresso,	et d'un noir cyprès,
et circum Iliades	et autour *des autels* les femmes-d'Ilion
solutæ crinem	dénouées quant à *leur* chevelure
de more.	conformément à la coutume.
Inferimus cymbia	Nous présentons des tasses
spumantia lacte tepido,	écumantes d'un lait tiède,
et pateras sanguinis sacri,	et des coupes de sang sacré,
condimusque animam	et nous enfermons l'âme
sepulcro,	dans le tombeau,
et ciemus supremum	et nous *l'*appelons pour la dernière fois
magna voce.	à grande (haute) voix.
Inde,	De là (ensuite),
ubi prima fides	dès que la première confiance
pelago,	*est possible* en la mer,
ventique dant	et que les vents donnent (laissent)
maria placata,	la mer apaisée (calme),

1.

Dant maria, et lenis crepitans vocat Auster [1] in altum,   70
Deducunt socii naves, et littora complent.
Provehimur portu ; terræque urbesque recedunt.

  Sacra mari colitur medio gratissima tellus [2]
Nereidum matri et Neptuno Ægæo,
Quam pius Arcitenens, oras et littora circum   75
Errantem Gyaro celsa Myconeque revinxit,
Immotamque coli dedit, et contemnere ventos.
Huc feror ; hæc fessos tuto placidissima portu
Accipit. Egressi veneramur Apollinis urbem.
Rex Anius, rex idem hominum Phœbique sacerdos,   80
Vittis et sacra redimitus tempora lauro,
Occurrit ; veterem Anchisen agnoscit amicum.
Jungimus hospitio dextras, et tecta subimus.
Templa Dei saxo venerabar structa vetusto :
« Da propriam ; Thymbræe, domum ! da mœnia fessis,   85
Et genus, et mansuram urbem ! serva altera Trojæ

sent les flots s'apaiser, et que l'Auster, par son doux murmure, nous
appelle vers la haute mer, nos matelots, dont la foule remplit le rivage,
mettent les navires à flot. Nous quittons le port, et bientôt les terres
et les villes disparaissent derrière nous.

  Au milieu de la mer il est une île consacrée, chère à Neptune Égéen
et à la mère des Néréides. Terre jadis flottante, elle errait de rivage
en rivage, mais le dieu qui porte l'arc se plut, par reconnaissance, à
la fixer entre les hauteurs de Gyare et de Mycone, et voulut qu'immobile elle pût défier les tempêtes. J'y dirige ma course : son port
tranquille et sûr reçoit nos vaisseaux fatigués. Descendus à terre,
nous saluons avec respect la ville d'Apollon. Anius, roi de cette île
et prêtre de Phébus, Anius, le front ceint de bandelettes et du laurier
sacré, vient au-devant de nous. Il reconnaît Anchise, son vieil ami ; il
nous tend les mains en signe d'hospitalité, et nous conduit dans son palais. Pénétré d'un religieux respect sous les voûtes du temple, formé
d'un marbre antique : « Dieu de Thymbra, m'écriai-je, donne une demeure stable à mon peuple errant et fatigué ; accorde-nous une ville,
un établissement durable où se perpétue notre postérité. Sauve en nous

et lenis Auster crepitans	et que le doux Auster bruissant
vocat in altum,	*nous* appelle vers la haute *mer,*
socii	*mes* compagnons
deducunt naves,	font-descendre les vaisseaux *dans l'eau,*
et complent littora.	et remplissent (couvrent) les rivages.
Provehimur	Nous sommes portés-en-avant
portu;	hors du port;
terræque urbesque	et les terres et les villes
recedunt.	s'enfuient-en-arrière.
Tellus sacra	Une terre consacrée
colitur medio mari,	est cultivée au milieu de la mer,
gratissima matri Nereidum	très-agréable à la mère des Néréides
et Neptuno Ægæo,	et à Neptune Égéen,
quam errantem	laquelle errante
circum oras et littora	autour des bords et des rivages
pius Arcitenens	le *dieu* reconnaissant qui-porte-un-arc
revinxit	assujettit (fixa)
celsa Gyaro	par (entre) l'*île* élevée *de* Gyaros
Myconeque,	et *celle de* Mycone,
deditque coli immotam,	et *lui* donna d'être cultivée immobile,
et contemnere ventos.	et de mépriser les vents.
Feror huc;	Je me porte là;
hæc placidissima	cette *terre* très-paisible
accipit fessos portu tuto.	*nous* reçoit fatigués dans un port sûr.
Egressi	Sortis *de nos vaisseaux*
veneramur	nous saluons-avec-respect
urbem Apollinis.	la ville d'Apollon.
Rex Anius,	Le roi Anius,
idem rex hominum	le même (à la fois) roi des hommes
sacerdosque Phœbi,	et prêtre de Phébus,
redimitus tempora	ceint autour de *ses* tempes
vittis et lauro sacra,	de bandelettes et de laurier sacré,
occurrit;	accourt-au-devant *de nous;*
agnoscit Anchisen	il reconnaît Anchise
veterem amicum.	*son* ancien ami.
Jungimus dextras	Nous unissons *nos mains* droites
hospitio,	en signe d'hospitalité,
et subimus tecta.	et nous entrons-sous *son* toit.
Venerabar templa dei	Je saluais-avec-respect le temple du dieu
structa saxo vetusto :	construit d'un rocher antique :
« Da	« Donne-*nous*
domum propriam,	une demeure propre (stable),
Thymbræe!	dieu de-Thymbra!
da fessis	donne *à nous* fatigués
mœnia, et genus,	des murs, et une race,
urbemque mansuram!	et une ville-qui-doive-subsister!
Serva altera Pergama	Sauve la seconde Pergame

Pergama, reliquias Danaum atque immitis Achillei [1] !
Quem sequimur? quove ire jubes? ubi ponere sedes?
Da, pater, augurium, atque animis illabere nostris. »

Vix ea fatus eram : tremere omnia visa repente, 90
Liminaque, laurusque Dei, totusque moveri
Mons circum, et mugire adytis cortina reclusis.
Submissi petimus terram, et vox fertur ad aures :
« Dardanidæ duri, quæ vos a stirpe parentum
Prima tulit tellus, eadem vos ubere læto 95
Accipiet reduces : antiquam exquirite matrem.
Hic domus Æneæ cunctis dominabitur oris
Et nati natorum, et qui nascentur ab illis. »
Hæc Phœbus : mixtoque ingens exorta tumultu
Lætitia; et cuncti, quæ sint ea mœnia, quærunt, 100
Quo Phœbus vocet errantes, jubeatque reverti.

Tum genitor, veterum volvens monumenta virorum :
« Audite, o proceres, ait, et spes discite vestras.
Creta Jovis magni medio jacet insula ponto,

une autre Pergame, sauve les déplorables restes de Troie échappés au
fer des Grecs et de l'impitoyable Achille. Quel guide devons-nous suivre?
où devons-nous porter et fixer nos pas? Père du jour, accorde-nous
un présage, et pénètre nos esprits de ta divine lumière. »

A peine avais-je prononcé cette prière, que tout trembla autour de
nous, et les portes du temple et les lauriers du dieu. La montagne
même frémit et s'ébranle; le sanctuaire s'entr'ouvre, le trépied sacré
mugit. Nous courbons nos fronts dans la poussière, et ces paroles
arrivent à nos oreilles : « Fils de Dardanus, éprouvés par tant de
malheurs, la terre qui, la première, a vu fleurir la tige de vos aïeux
vous verra, heureuse, revenir dans son sein fertile. Cherchez donc
cette antique mère de votre race. Là doit renaître pour dominer au loin
sur tous les peuples, la maison d'Énée et les enfants de ses enfants,
et les derniers de leurs neveux. » Ainsi s'explique le dieu, et soudain
une vive et bruyante allégresse éclate parmi nous; on se demande
quelle doit être cette ville, quelle est cette terre où le dieu nous ordonne
de retourner, et où doivent s'arrêter enfin nos courses vagabondes.

Alors mon père, repassant dans son esprit les souvenirs et les
traditions des anciens âges : « Écoutez, chefs des Troyens, et con-
naissez vos espérances. Au milieu des mers est une île, la Crète, où

Trojæ,	de Troie,
reliquias	nous les restes
Danaum	des Grecs (échappés aux Grecs)
atque immitis Achillei!	et du (au) cruel Achille!
Quem sequimur?	Qui suivons-nous?
quove jubes ire?	ou dans quel lieu nous ordonnes-tu d'aller?
ubi ponere sedes?	où nous ordonnes-tu d'établir nos demeures?
Da augurium, pater,	Donne-nous un présage, ô père,
atque illabere	et pénètre
nostris animis. »	dans nos cœurs. »
Vix fatus eram ea,	A peine j'avais dit ces mots,
repente omnia visa	soudain tout parut
tremere,	trembler,
liminaque,	et le seuil (et la porte du temple),
laurusque dei,	et le laurier du dieu,
monsque totus	et la montagne tout entière
moveri circum,	parut être ébranlée autour de nous,
et cortina mugire	et le trépied mugir
adytis reclusis.	le sanctuaire ayant été ouvert.
Submissi	Courbés [nons),
petimus terram,	nous gagnons la terre (nous nous proster-
et vox fertur ad aures :	et une voix est apportée à nos oreilles :
« Dardanidæ duri,	« Fils-de-Dardanus endurcis aux fatigues,
tellus quæ prima tulit vos	la terre qui la première a porté vous
a stirpe parentum,	dès la souche de vos pères,
eadem accipiet vos reduces	cette-même terre recevra vous de-retour
ubere læto :	dans son sein riant (fertile) :
exquirite	cherchez
antiquam matrem.	votre antique mère.
Hic domus Æneæ	Là la maison d'Énée
dominabitur cunctis oris,	dominera sur tous les bords (les pays),
et nati natorum,	et les fils de ses fils,
et qui nascentur ab illis. »	et ceux qui naîtront d'eux. »
Phœbus hæc :	Phébus dit ces paroles :
ingensque lætitia exorta	et une grande allégresse s'éleva
tumultu mixto;	avec une confusion mêlée à cette joie;
et cuncti quærunt	et tous demandent
quæ sint ea mœnia;	quels sont ces murs;
quo Phœbus vocet errantes,	où Phébus appelle nous errants,
jubeatque reverti.	et où il nous ordonne de retourner.
Tum genitor,	Alors mon père,
volvens monumenta	repassant dans son esprit les souvenirs
veterum virorum :	des anciens hommes (héros) :
« Audite, ait, o proceres,	« Écoutez, dit-il, ô grands (ô chefs),
et discite vestras spes.	et apprenez vos espérances.
Creta, insula magni Jovis,	La Crète, île du grand Jupiter,
jacet medio ponto,	est située au milieu de la mer,

Mons Idæus [1] ubi, et gentis cunabula nostræ.   105
Centum urbes habitant magnas, uberrima règna,
Maximus unde pater, si rite audita recordor,
Teucrus Rhœteas primum est advectus ad oras,
Optavitque locum regno. Nondum Ilium et arces
Pergameæ steterant; habitabant vallibus imis.   110
Hinc mater cultrix Cybele, Corybantiaque æra,
Idæumque nemus; hinc fida silentia sacris,
Et juncti currum dominæ subiere leones.
Ergo agite, et, Divum ducunt qua jussa, sequamur :
Placemus ventos, et Gnosia regna petamus.   115
Nec longo distant cursu; modo Jupiter adsit,
Tertia lux classem Cretæis sistet in oris. »
Sic fatus, meritos aris mactavit honores,
Taurum Neptuno, taurum tibi, pulcher Apollo,
Nigram Hiemi pecudem, Zephyris felicibus albam.   120
   Fama volat pulsum regnis cessisse paternis
Idomenea ducem, desertaque littora Cretæ,
Hoste vacare domos, sedesque adstare relictas.

s'élève un autre Ida, patrie du grand Jupiter et berceau de notre race.
Cent villes fameuses peuplent ce fertile royaume. C'est de là, si
je me souviens bien de ce qui m'a été raconté, c'est de là que notre
premier aïeul Teucer vint aborder sur les côtes de Rhétée, où il
établit le siége de son nouvel empire. Ilion et la citadelle de Pergame
n'étaient pas encore : les peuples habitaient le fond des vallées. C'est
de Crète que nous vinrent le culte de Cybèle, les danses où retentit
l'airain des Corybantes, et les fêtes sacrées du mont Ida, et le religieux silence qui préside à nos mystères, et l'usage d'atteler des lions
au char de la déesse. Courage donc, et suivons la route que nous
montrent les dieux. Apaisons les vents et cinglons vers les royaumes
de Gnose : un court trajet nous en sépare; et, si Jupiter nous seconde, la troisième aurore verra notre flotte sur les rivages de la
Crète. » Ayant ainsi parlé, il immole aux dieux les victimes accou-
tumées;un taureau à Neptune; un taureau à toi, bel Apollon; une
brebis noire aux Tempêtes, une brebis blanche aux Zéphyrs propices.
   Cependant un bruit se répand : on dit que, chassé du trône de ses pères,
Idoménée a pris la fuite; que les Grecs, nos ennemis, n'occupent
plus la Crète, et que ce royaume est ouvert à de nouveaux maîtres.

ubi mons Idæus,	la Crète où est le mont Ida,
et cunabula nostræ gentis.	et les berceaux de notre race.
Habitant	Des hommes y habitent
centum magnas urbes,	cent grandes villes,
regna uberrima :	royaume très-fertile :
unde maximus pater,	d'où notre plus ancien père,
si recordor rite audita,	si je me rappelle bien les récits entendus,
Teucrus,	Teucer,
advectus est primum	fut amené d'abord (le premier)
ad oras Rhœteas,	aux rivages de-Rhétée,
optavitque locum regno.	et choisit ce lieu pour son royaume.
Ilium et arces Pergameæ	Ilion et les citadelles de-Pergame
nondum steterant ;	ne s'étaient pas encore tenues-debout ;
habitabant imis vallibus.	ils habitaient dans le fond des vallées.
Hinc mater	De là nous est venue la mère des dieux
cultrix Cybelæ,	qui-habite le Cybèle,
æraque Corybantia,	et les airains des-Corybantes,
nemusque Idæum ;	et la forêt de-l'Ida ;
hinc silentia	de là est venu le silence
fida sacris,	fidèle (bien gardé) dans les sacrifices,
et leones juncti	et de là des lions attelés
subiere currum dominæ.	sont venus-sous le char de la déesse.
Ergo agite, et sequamur,	Ainsi allons, et suivons la route,
qua ducunt	par où nous conduisent
jussa divum.	les ordres des dieux.
Placemus ventos,	Apaisons les vents,
et petamus regna Gnosia.	et gagnons le royaume de-Gnose.
Nec distant longo cursu ;	Et il n'est pas éloigné d'un long trajet ;
modo Jupiter adsit,	que seulement Jupiter nous seconde,
tertia lux sistet classem	le troisième jour placera notre flotte
in oris Cretæis. »	sur les rives de-la-Crète. »
Fatus sic,	Ayant parlé ainsi,
mactavit aris	il immola sur les autels [(dues) ;
honores meritos ;	des honneurs (des victimes) mérités
taurum Neptuno,	un taureau à Neptune,
taurum tibi,	un taureau à toi,
pulcher Apollo ;	bel Apollon ;
pecudem nigram Hiemi,	une brebis noire à la Tempête,
albam Zephyris felicibus.	une brebis blanche aux Zéphyrs propices.
Fama volat,	La renommée vole (se répand),
ducem Idomenea	le chef Idoménée
pulsum cessisse	chassé s'être retiré
regnis paternis,	du royaume paternel,
littoraque Cretæ deserta,	et les rivages de la Crète être abandonnés,
domos vacare hoste,	sa maison être-vide d'ennemis,
sedesque adstare relictas.	et sa demeure se tenir (se trouver) quittée.
Linquimus	Nous quittons

Linquimus Ortygiæ portus, pelagoque volamus ;
Bacchatamque jugis Naxon, viridemque Donysam,   125
Olearon, niveamque Paron, sparsasque per æquor
Cycladas [1], et crebris legimus freta consita terris.
Nauticus exoritur vario certamine clamor.
Hortantur socii Cretam proavosque petamus.
Prosequitur surgens a puppi ventus euntes ;   130
Et tandem antiquis Curetum allabimur oris.
Ergo avidus muros optatæ molior urbis,
Pergameamque [2] voco, et lætam cognomine gentem
Hortor amare focos, arcemque attollere tectis.
Jamque fere sicco subductæ littore puppes ;   135
Connubiis arvisque novis operata juventus ;
Jura domosque dabam : subito quum tabida membris,
Corrupto cœli tractu, miserandaque venit
Arboribusque satisque lues, et letifer annus.
Linquebant dulces animas, aut ægra trahebant   140
Corpora. Tum steriles exurere Sirius agros ;
Arebant herbæ, et victum seges ægra negabat.

Aussitôt nous partons des ports d'Ortygie, nous volons sur les eaux ;
nous côtoyons Naxos, et ses rochers retentissants du cri des Bac-
chantes, et les vertes forêts de Donyse, et Oléaros, et Paros, aux marbres
éclatants de blancheur, et les Cyclades éparses çà et là sur les mers,
et ces nombreux passages où les flots coulent entre les terres resserrées. Nos matelots, chacun à sa tâche, rivalisant d'efforts, pous-
sent mille cris joyeux : on s'anime à l'envi, et ces mots sont dans
toutes les bouches : « Gagnons, gagnons la Crète, cette terre de nos
aïeux. » Le vent s'élève en poupe, et nous fait toucher enfin les bords
antiques des Curètes. Sans perdre un moment, je bâtis les murs de la
ville tant désirée, et je la nomme Pergamée, nom cher à tous mes
Troyens ; je les exhorte à s'attacher à leurs nouveaux foyers, et à
élever de leurs mains une citadelle. Déjà nos vaisseaux, devenus
inutiles, étaient à sec sur le rivage ; déjà la jeunesse troyenne s'oc-
cupait de doux projets d'hymen, et défrichait ses nouveaux champs.
J'établissais des lois, j'assignais les demeures, quand tout à coup,
infectant les airs, une contagion affreuse, horrible, fond sur nous :
elle attaque à la fois les hommes, les arbres, les moissons. L'année
en fut frappée de mort ; tous perdaient en soupirant la douce lumière
des cieux, ou traînaient dans la langueur une vie misérable. L'ardent
Sirius brûle les campagnes stériles ; l'herbe est desséchée, et les épis
malades refusent le grain nourricier. Alors, mon père nous exhorte

portus Ortygiæ,   les ports d'Ortygie,
volamusque pelago,   et nous volons sur la mer,
legimusque Naxon   et nous effleurons Naxos   [mets,
bacchatam jugis,   théâtre-des-fêtes-de-Bacchus sur *ses* som-
viridemque Donysam,   et la verdoyante Donysa,
Olearon,   Oléaros,
Paronque niveam,   et Paros blanche-comme-la-neige,
Cycladasque   et les Cyclades
sparsas per æquor,   dispersées sur la mer,
et freta consita   et *ces* détroits semés
terris crebris.   de terres fréquentes (resserrées).
Clamor nauticus exoritur   Le cri des-matelots s'élève
certamine vario;   avec un empressement varié (général);
socii hortantur   *nos* compagnons *nous* exhortent
petamus Cretam   que nous gagnions la Crète
proavosque.   et *nos* aïeux.
Ventus surgens a puppi   Un vent qui s'élève de la poupe
prosequitur euntes,   suit *nous* allant (dans notre course),
et tandem allabimur   et enfin nous abordons
oris antiquis Curetum.   aux bords antiques des Curètes.
Ergo avidus   Donc désirant-vivement (avec ardeur)
molior muros urbis optatæ,   je construis les murs de la ville souhaitée,
vocoque Pergameam,   et je *l'*appelle Pergamée,
et hortor gentem   et j'exhorte la nation
lætam cognomine   joyeuse de *ce* surnom
amare focos,   à aimer *ses* foyers,
attollereque arcem tectis.   et à élever une citadelle avec *ses* toits.
Jamque puppes   Et déjà les poupes (les vaisseaux)
fere subductæ littore sicco;   *étaient* à peu près retirées sur le rivage sec;
juventus operata connubiis   la jeunesse *était* occupée de mariages
arvisque novis;   et de champs nouveaux *à cultiver*,
dabam jura domosque,   je donnais des lois et des demeures,
quum subito,   lorsque tout à coup,   [rompu,
tractu cœli corrupto,   l'espace du ciel (l'air) ayant été cor-
lues tabida miserandaque,   un mal destructeur et déplorable,
et annus letifer   et une année mortelle
venit membris,   vint à *nos* membres (fondit sur nous),
arboribusque satisque.   et aux arbres et aux *blés* semés.
Linquebant   *Les hommes* abandonnaient (exhalaient)
animas dulces,   leurs vies *si* chères,
aut trahebant   ou traînaient
corpora ægra.   *leurs* corps malades.
Tum Sirius   Puis le Sirius
exurere agros steriles;   *commença* à brûler les champs stériles;
herbæ arebant,   les plantes se desséchaient,
et seges ægra   et l'épi malade
negabat victum.   refusait *de donner* la nourriture.

Rursus ad oraclum Ortygiæ Phœbumque remenso
Hortatur pater ire mari, veniamque precari :
Quam fessis finem rebus ferat, unde laborum   145
Tentare auxilium jubeat, quo vertere cursus.
  Nox erat, et terris animalia somnus habebat :
Effigies sacræ Divum, Phrygiique Penates,
Quos mecum a Troja mediisque ex ignibus urbis
Extuleram, visi ante oculos adstare jacentis   150
In somnis, multo manifesti lumine, qua se
Plena per insertas fundebat luna fenestras.
Tum sic affari, et curas his demere dictis :
« Quod tibi delato Ortygiam dicturus Apollo est,
Hic canit, et tua nos en ultro ad limina mittit.   155
Nos te, Dardania incensa, tuaque arma secuti,
Nos tumidum sub te permensi classibus æquor,
Idem venturos tollemus in astra nepotes,
Imperiumque urbi dabimus. Tu mœnia magnis
Magna para, longumque fugæ ne linque laborem.   160

à repasser la mer, à consulter de nouveau l'oracle d'Ortygie, à
apaiser la colère d'Apollon, à lui demander quel terme il met à tant
de vicissitudes, quel remède il garde à nos maux, quel but à nos courses
incertaines.

  Il était nuit, et tout ce qui respire sur la terre était plongé dans le
sommeil. Les images sacrées de nos dieux, et les Pénates phrygiens
sauvés avec moi du milieu d'Ilion en flamme, s'offrent en songe à ma
vue, se dressant devant moi, tout resplendissants d'une vive lumière,
et des douces clartés que la lune versait à travers mes fenêtres. Ils
me parlent, ils calment mes chagrins par ces mots : « Ce qu'Apollon
te dirait à Délos, il daigne te l'annoncer ici ; lui-même il nous envoie
vers ta demeure. Exilés avec toi, après l'embrasement d'Ilion, et
fendant avec toi sur la flotte phrygienne les mers enflées par les
orages, nous avons été les compagnons constants de ta fortune ; c'est
nous qui élèverons un jour au faîte de la gloire les petits-fils qui te
doivent naître ; c'est nous enfin qui donnerons à leur ville l'empire
du monde. Prépare pour un si grand peuple des remparts dignes de
ses hautes destinées, et ne te laisse pas décourager par les fatigues
d'un long exil. Il faut choisir une autre demeure : ce ne sont point ces

Pater hortatur ire rursus
ad oraclum Ortygiæ
Phœbumque,
mari remenso,
precarique veniam :
quam finem ferat
rebus fessis;
unde jubeat
tentare
auxilium laborum;
quo vertere cursus.
   Nox erat,
et terris
somnus habebat
animalia.
Effigies sacræ divum
penatesque Phrygii,
quos extuleram mecum
a Troja
eque mediis ignibus urbis,
visi adstare ante oculos
jacentis in somnis,
manifesti multo lumine,
qua luna plena se fundebat
per fenestras
insertas;
tum affari sic,
et demere curas his dictis :
« Quod Apollo est dicturus
tibi delato Ortygiam,
canit hic,
et en ultro
mittit nos ad tua limina.
Nos secuti te tuaque arma,
Dardania incensa,
nos permensi sub te
classibus
æquor tumidum,
idem tollemus in astra
nepotes venturos,
dabimusque imperium
urbi.
Tu, para magna mœnia
magnis,
neque linque
longum laborem fugæ.
Sedes mutandæ :

Mon père *nous* exhorte à aller de nouveau
vers l'oracle d'Ortygie
et vers Phébus,
la mer étant parcourue-une-seconde-fois,
et à implorer *sa* faveur :
à lui demander quel terme il porte (fixe)
à *nos* affaires fatiguées (à nos malheurs);
d'où il *nous* ordonne
d'essayer (de chercher)
un remède à *nos* maux ;
où *il nous ordonne* de tourner *notre* course.
   La nuit était (il était nuit),
et sur les terres
le sommeil avait (tenait endormis)
les êtres-animés.
Les images sacrées des dieux
et les pénates Phrygiens,
que j'avais emportés avec moi
de Troie
et du milieu des feux de la ville,
parurent se tenir-debout devant les yeux
de *moi* couché dans le sommeil,
rendus-distincts par beaucoup de lumière,
par où la lune pleine se versait
par des ouvertures
pénétrées (qu'elle pénétrait);
puis *ils se mirent à me* parler ainsi,
et à *m'ôter mes* soucis par ces mots :
« *Ce* qu'Apollon est devant-dire
à toi transporté (si tu allais) à Ortygie,
il *le* chante (l'annonce) ici,
et voilà que de lui-même
il envoie nous à ton seuil (chez toi).
Nous qui avons suivi toi et tes armes,
la Dardanie ayant été incendiée,
nous qui avons mesuré (parcouru) sous toi
avec des flottes
la mer gonflée,
nous les mêmes nous élèverons aux astres
tes petits-fils à-venir,
et nous donnerons l'empire
à *leur* ville.
Toi, fonde de grands murs
pour un grand *état*,
et ne renonce pas
au long travail de *ta* fuite.
Ta résidence doit-être-changée :

Mutandæ sedes : non hæc tibi littora suasit
Delius, aut Cretæ jussit considere Apollo.
Est locus, Hesperiam Graii cognomine dicunt,
Terra antiqua, potens armis atque ubere glebæ
Œnotri coluere viri : nunc fama minores   165
Italiam dixisse, ducis de nomine, gentem [1].
Hæ nobis propriæ sedes ; hinc Dardanus ortus,
Jasiusque pater, genus a quo principe nostrum.
Surge age, et hæc lætus longævo dicta parenti
Haud dubitanda refer : Corythum terrasque require   170
Ausonias : Dictæa negat tibi Jupiter arva. »
    Talibus attonitus visis ac voce Deorum
(Nec sopor illud erat ; sed coram agnoscere vultus,
Velatasque comas, præsentiaque ora videbar :
Tum gelidus toto manabat corpore sudor),   175
Corripio e stratis corpus, tendoque supinas
Ad cœlum cum voce manus, et munera libo
Intemerata focis. Perfecto lætus honore,
Anchisen facio certum, remque ordine pando.
Agnovit prolem ambiguam, geminosque parentes,   180

rivages qu'Apollon t'a désignés, ce n'est point en Crète qu'il t'ordonnait de te fixer. Il est une contrée connue des Grecs sous le nom d'Hespérie, terre célèbre par son antiquité, terre féconde en guerriers, fertile en moissons. Jadis, occupée par les Œnotriens, on dit que sous leurs descendants elle a pris, d'un de ses rois, le nom d'Italie. Voilà notre véritable patrie ; c'est là que sont nés Dardanus et Jasius, premier auteur de notre race. Lève-toi donc, et va, plein de joie, rapporter à ton père ces oracles qui ne mentiront point. Cherche Corythe et les terres de l'Ausonie : Jupiter ne te permet pas d'habiter les champs de Dictée. »

A cette apparition, à cette voix des dieux que j'entends, je demeure frappé d'un long étonnemènt. Ce n'était point un vain songe ; ils étaient là devant moi, ces dieux : je reconnaissais leur face auguste, leur front ceint de bandelettes sacrées ; une sueur glacée ruisselait sur mes membres. Je m'arrache avec précipitation de ma couche, j'élève vers le ciel ma voix et mes mains suppliantes, et je répands sur mon foyer le vin pur des libations. Ce devoir rempli, je cours informer Anchise de ma vision, je lui en expose tous les détails. Anchise reconnaît alors que la double origine de la famille troyenne

Apollo Delius	Apollon de-Délos
non suasit tibi hæc littora,	n'a pas conseillé à toi ces rivages,
aut jussit considere Cretæ.	ou (ni) ordonné de t'établir en Crète.
Est locus,	Il est un lieu,
Graii dicunt Hesperiam	les Grecs l'appellent Hespérie
cognomine,	par surnom,
terra antiqua, potens armis	terre antique, puissante par les armes
atque ubere glebæ :	et par la fécondité de sa glèbe :
viri OEnotri coluere :	des hommes Énotriens l'ont cultivée :
nunc fama,	maintenant le bruit est,
minores	leurs descendants
dixisse gentem Italiam,	avoir appelé la nation Italie,
de nomine ducis.	du nom de leur chef.
Hæ sedes propriæ nobis ;	Ces demeures sont propres à nous ;
hinc ortus Dardanus,	de là est sorti Dardanus,
Jasiusque pater,	et Jasius père des Troyens,
a quo principe	duquel le premier
nostrum genus.	descend notre race.
Surge, age, et lætus	Lève-toi, va, et joyeux
refer longævo parenti	rapporte à ton vieux père
hæc dicta haud dubitanda :	ces paroles non à-mettre-en-doute :
Require Corythum,	Recherche Corythus,
terrasque Ausonias ;	et les terres d'-Ausonie ;
Jupiter negat tibi	Jupiter refuse à toi
arva Dictæa. »	les champs de-Dictée. »
Attonitus talibus visis,	Stupéfait d'une telle vision,
ac voce deorum,	et de la voix des dieux,
— nec illud erat sopor ;	— et ce n'était pas un sommeil ;
sed videbar	mais je paraissais (il me semblait)
agnoscere coram vultus,	reconnaître vis-à-vis de moi leurs traits,
comasque velatas,	et leurs chevelures voilées de bandeaux,
oraque præsentia.	et leurs visages présents devant moi.
Tum sudor gelidus	Alors une sueur glacée
manabat toto corpore, —	coulait de tout mon corps, —
corripio corpus e stratis,	j'arrache mon corps de ma couche,
tendoque ad cœlum	et je tends vers le ciel
cum voce	avec ma voix
manus supinas,	mes mains renversées,
et libo focis	et j'offre-en-libation aux foyers
munera intemerata.	des présents purs (du vin pur).
Lætus	Joyeux
honore perfecto,	cette cérémonie étant accomplie,
facio Anchisen certum,	je fais Anchise certain (je l'informe),
et pando rem	et je lui ouvre (je lui conte) le fait
ordine.	par ordre (d'-un-bout-à-l'autre).
Agnovit	Il reconnut
prolem ambiguam,	notre race être douteuse,

Seque novo veterum deceptum errore locorum [1].

Tum memorat : « Nate, Iliacis exercite fatis,

Sola mihi tales casus Cassandra canebat.

Nunc repeto hæc generi portendere debita nostro,

Et sæpe Hesperiam, sæpe Itala regna vocare.　　　　　485

Sed quis ad Hesperiæ venturos littora Teucros

Crederet? aut quem tum vates Cassandra moveret?

Cedamus Phœbo, et moniti meliora sequamur. »

Sic ait ; et cuncti dictis paremus ovantes.

Hanc quoque deserimus sedem, paucisque relictis,　　　　　490

Vela damus, vastumque cava trabe currimus æquor.

　　Postquam altum tenuere rates, nec jam amplius ullæ

Apparent terræ, cœlum undique, et undique pontus,

Tum mihi cæruleus supra caput adstitit imber,

Noctem hiememque ferens, et inhorruit unda tenebris.　　　　　495

Continuo venti volvunt mare, magnaque surgunt

l'a égaré sur la trace ambiguë de notre première et antique patrie. Puis, il ajoute : « O mon fils, toi que poursuivent toujours les mauvais destins d'Ilion, Cassandre seule m'a prédit ces prodigieux événements. Je me souviens qu'elle promettait à ma race le brillant avenir qui l'attend. Sans cesse elle nommait l'Hespérie, les royaumes d'Italie. Mais qui pouvait croire que les enfants de Teucer aborderaient un jour aux rivages de l'Hespérie? Qui de nous accordait alors quelque crédit aux discours de Cassandre? Aujourd'hui, obéissons à Phébus, et marchant à sa divine lumière, cherchons une meilleure fortune. » Il dit, et tous applaudissent, joyeux, à ses paroles. Nous quittons cette plage, où nous laissons toutefois quelques-uns des nôtres, et, déployant nos voiles, nous fendons de nouveau le vaste Océan.

　　Quand nous eûmes gagné la pleine mer, que déjà la terre eut disparu à nos yeux, et que nous ne vîmes plus de toutes parts que le ciel, de toutes parts que les ondes, tout à coup un nuage noir portant la tempête et la nuit dans ses flancs, s'arrêta au-dessus de nos têtes. La mer se couvrit d'effrayantes ténèbres. Bientôt les vents bouleversent les flots ; les vagues s'enflent, bondissent, et nous sommes bal-

parentesque geminos,	et *nos* parents doubles,
seque deceptum	et lui *avoir été* trompé
errore novo	par une erreur nouvelle
veterum locorum.	*au sujet* de *ces* anciens lieux.
Tum memorat : « Nate,	Puis il expose (dit) : « *Mon* fils,
exercite fatis Iliacis,	tourmenté par les destins d'Ilion,
Cassandra sola	Cassandre seule
canebat mihi	chantait (prophétisait) à moi
tales casus.	de tels événements.
Nunc repeto	Maintenant je me rappelle
portendere sæpe	*elle* présager souvent
hæc debita nostro generi,	ces *destinées* dues à notre race,
et sæpe vocare Hesperiam,	et souvent nommer l'Hespérie,
sæpe regna Itala.	souvent *aussi* le royaume d'-Italie.
Sed quis crederet	Mais qui aurait cru
Teucros venturos	les Troyens devoir venir
ad littora Hesperiæ ?	aux rivages de l'Hespérie ?
aut quem Cassandra vates	ou qui Cassandre prophétesse
moveret tum ?	aurait-elle ému alors ?
Cedamus Phœbo,	Cédons à Phébus,
et moniti	et avertis-*par lui*
sequamur meliora. »	suivons de meilleures *indications*. »
Ait sic :	Il dit ainsi :
et cuncti paremus dictis	et tous nous obéissons à *ses* paroles
ovantes.	transportés-de-joie.
Deserimus	Nous abandonnons
hanc sedem quoque,	cette résidence aussi,
paucisque relictis,	et peu *d'entre nous* ayant été laissés,
damus vela,	nous donnons (déployons) les voiles,
trabeque cava	et dans la poutre creuse (sur nos vais-
currimus	nous courons [seaux)
vastum æquor.	sur la vaste plaine *de la mer*.
Postquam rates	Après que (quand) *nos* vaisseaux
tenuere altum,	tinrent la haute *mer,*
nec jam ullæ térræ	et que déjà aucunes terres
apparent amplius,	ne sont-visibles davantage,
undique cœlum	que de toutes parts *est* le ciel
et undique pontus ,	et de toutes parts la mer ,
tum imber cæruleus	alors un nuage sombre
adstitit mihi supra caput,	se tint à moi au-dessus de *ma* tête,
ferens noctem hiememque,	apportant la nuit et la tempête,
et unda inhorruit	et l'onde devint-effrayante
tenebris.	par les ténèbres.
Continuo venti	Aussitôt les vents
volvunt mare ,	roulent (agitent) la mer ,
æquoraque	et les eaux (les vagues)
surgunt magna ;	s'élèvent grandes ;

Æquora; dispersi jactamur gurgite vasto.
Involvere diem nimbi, et nox humida cœlum
Abstulit; ingeminant abruptis nubibus ignes.
Excutimur cursu, et cæcis erramus in undis.   200
Ipse diém noctemque negat discernere cœlo,
Nec meminisse viæ media Palinurus in unda.
Tres adeo incertos cæca caligine soles
Erramus pelago, totidem sine sidere noctes:
Quarto terra die primum se attollere tandem   205
Visa, aperire procul montes, ac volvere fumum.
Vela cadunt, remis insurgimus; haud mora, nautæ
Adnixi torquent spumas, et cærula verrunt.
    Servatum ex undis Strophadum ¹ me littora primum
Accipiunt. Strophades Graio stant nomine dictæ   210
Insulæ Ionio in magno, quas dira Celæno
Harpyiæque colunt aliæ, Phineia postquam
Clausa domus, mensasque metu liquere priores.
Tristius haud illis monstrum, nec sævior ulla

lottés, dispersés sur le gouffre immense. D'épais nuages voilent le jour, la nuit humide enveloppe les cieux, et les éclairs redoublés sillonnent et déchirent la nue. Jetés hors de notre route, nous errons en aveugles sur les eaux. Palinure lui-même dit qu'il ne peut distinguer le jour de la nuit, qu'il ne reconnaît plus la route au milieu de ces vastes mers. Nous passâmes ainsi trois jours sans soleil, trois nuits sans étoiles, voguant au hasard et à la merci des flots. Enfin, le quatrième jour nous laisse apercevoir la terre qui semble sortir des eaux, des montagnes qui s'élèvent, des tourbillons de fumée roulant dans les airs. Alors la voile tombe, les matelots se courbent sur leurs rames, et, de leurs bras nerveux, frappant sans relâche les flots écumants, balayent sous nos proues l'onde azurée.

Ainsi sauvés du naufrage, les Strophades nous reçurent sur leurs rives hospitalières. La Grèce a nommé Strophades ces îles de la mer d'Ionie qu'habitent la sinistre Céléno et les autres Harpies, depuis que le palais de Phinée leur fut fermé, et que la crainte les força d'abandonner sa table royale. Jamais monstres plus hideux, jamais

dispersi	dispersés
jactamur vasto gurgite.	nous sommes ballottés sur le vaste gouffre.
Nimbi involvere diem,	Des nuages ont enveloppé le jour,
et nox humida	et la nuit humide
abstulit cœlum ;	*nous* a dérobé le ciel ;
ignes ingeminant	les feux (les éclairs) redoublent
nubibus abruptis.	des nuages rompus (entr'ouverts).
Excutimur cursu,	Nous sommes jetés-hors de *notre* route,
et erramus in undis cæcis.	et nous errons sur les eaux obscures.
Palinurus ipse	Palinure lui-même
negat discernere cœlo	ne-peut-pas discerner dans le ciel
diem nocturnve,	le jour et la nuit,
nec meminisse viæ	ni se souvenir de la route
in media unda.	au milieu de l'onde.
Erramus adeo pelago	Nous errons ainsi sur la mer
tres soles	pendant trois soleils (jours)
incertos	incertains (impossibles-à-distinguer)
caligine cæca,	par une brume ténébreuse,
totidem noctes sine sidere.	et autant de nuits sans astres.
Quarto die	Le quatrième jour
terra visa tandem	une terre fut vue enfin
primum	pour la première fois
se attollere,	s'élever *du sein des eaux,*
aperire procul montes,	*nous* découvrir au loin des montagnes,
ac volvere fumum.	et rouler (lancer vers le ciel) de la fumée.
Vela cadunt ;	Les voiles tombent ; [mes ;
insurgimus remis ;	nous nous levons (appuyons) sur les ra-
haud mora,	pas de retard,
nautæ adnixi	les matelots faisant-effort
torquent spumas,	font-tourner (fendent) l'écume,
et verrunt cærula.	et balayent les *eaux* azurées.
Littora Strophadum	Les rivages des Strophades
accipiunt primum me	reçoivent d'abord moi
servatum ex undis	sauvé des eaux.
Dictæ Strophades	Dites (appelées) Strophades
nomine graio,	d'un nom grec,
insulæ stant	*ces* îles se tiennent (sont situées)
in magno Ionio,	dans la grande *mer* Ionienne,
quas dira Celæno,	*îles* que la sinistre Céléno,
aliæque Harpyiæ colunt,	et les autres Harpies habitent,
postquam	après que (depuis que)
domus Phineia clausa,	la maison de-Phinée *leur a été* fermée,
liquereque metu	et qu'elles ont abandonné par crainte
priores mensas.	*leurs* premières tables.
Haud monstrum	Ni *aucun* monstre
tristius illis,	plus hideux qu'elles,
nec ulla pestis	ni aucun fléau

Pestis et ira Deum Stygiis sese extulit undis.   215
Virginei volucrum vultus, fœdissima ventris
Proluvies, uncæque manus, et pallida semper
Ora fame.

    Huc ubi delati portus intravimus, ecce
Læta boum passim campis armenta videmus,   220
Caprigenumque pe.... nullo custode, per herbas.
Irruimus ferro, et ... ipsamque vocamus
In partem prædamque Jovem. Tum littore curvo
Exstruimusque toros, dapibusque epulamur opimis.
At subitæ horrifico lapsu de montibus adsunt   225
Harpyiæ, et magnis q.... ....goribus alas,
Diripiuntque dapes, conta.... ....mnia fœdant
Immundo ; tum vox .... inter odorem.
Rursum in secessu longo, ... rupe cavata
Arboribus clausi circum atque horrc.. ....,   230
Instruimus mensas, arisque reponimus ignèm.
Rursum ex diverso cœli cæcisque latebris

fléau plus redoutable, suscité par la colère des dieux, ne s'éleva des ondes du Styx. Affreux oiseaux, avec les traits d'une vierge, ils ont les mains armées de serres tranchantes ; leur visage est toujours pâle et creusé par la faim, et de leurs flancs s'échappe sans cesse un flux immonde.

    C'est là que nous abordons, et à peine débarqués nous voyons épars çà et là, dans les campagnes, des troupeaux de bœufs et de chèvres paissant sans gardiens au milieu des gras pâturages. Nous les attaquons avec nos armes, en appelant les dieux et Jupiter même au partage de notre butin. Puis, sur des lits dressés le long du rivage, nous commençons un repas succulent, quand tout à coup, sortant des montagnes avec un bruit horrible, et secouant leurs ailes en poussant de grands cris, les Harpies fondent sur nous : elles pillent nos mets ou les souillent de leur contact immonde, et mêlent les éclats d'une voix sinistre à l'odeur infecté qu'elles répandent. Nous nous retirons alors au fond d'une longue gorge, sous l'abri d'une roche creuse, entourée de tous côtés d'un bois épais et d'une ombre impénétrable. Là, de nouveau, nous dressons nos tables et rallumons le feu de nos autels ; mais de nouveau, s'élançant de ses repaires

et ira deum	et *aucune création de la* colère des dieux
sævior	plus horrible
sese extulit	ne s'est élevée (n'est sortie)
undis Stygüs.	des eaux du-Styx.
Vultus volucrum	Les visages de *ces* oiseaux
virginei,	*sont des visages* de-jeunes-filles,
proluvies ventris	un flux de *leur* ventre
fœdissima,	*est* très-immonde,
manusque uncæ,	et *leurs* mains *sont* crochues,
et ora semper pallida fame.	et *leurs* visages toujours pâles de faim.
Ubi delati huc	Dès que portés là
intravimus portus,	nous fûmes entrés dans le port,
ecce videmus passim	voilà que nous apercevons çà et là
campis	dans les champs
læta armenta boum,	de joyeuses (grasses) troupes de bœufs,
pecusque caprigenum,	et un troupeau de-chèvres,
per herbas,	parmi les herbes,
nullo custode.	*sans* aucun gardien.
Irruimus ferro,	Nous nous jetons-sur *eux* avec le fer,
et vocamus divos	et nous appelons les dieux
Jovemque ipsum	Jupiter même [part du butin).
in partem prædamque.	à une part et au butin (à prendre leur
Tum littore curvo	Puis sur le rivage courbé
exstruimusque toros,	et nous élevons des lits,
epulamurque	et nous prenons-un-repas
dapibus opimis.	avec des mets copieux.
At Harpyiæ	Mais les Harpies
adsunt subitæ	arrivent subites (tout à coup)
de montibus	des montagnes
lapsu horrifico,	avec un glissement (vol) horrible,
et quatiunt alas	et secouent *leurs* ailes
magnis clangoribus,	avec de grands cris,
diripiuntque dapes,	et ravissent les mets,
fœdantque omnia	et souillent tout
contactu immundo;	de *leur* contact immonde;
tum vox dira	puis *leur* voix sinistre *se fait entendre*
inter odorem tetrum.	au milieu d'une odeur infecte.
Rursum	Une seconde fois
in longo secessu,	dans un vaste enfoncement,
sub rupe cavata,	sous une roche creusée,
clausi circum arboribus	enfermés tout-autour par des arbres
atque umbris horrentibus,	et des ombrages sombres,
instruimus mensas,	nous établissons *nos* tables,
reponimusque ignem aris.	et nous replaçons le feu sur les autels.
Rursum,	Une seconde fois,
ex diverso cœli	*arrivant* de divers *côtés* du ciel
latebrisque cæcis,	et de retraites obscures,

Turba sonans prædam pedibus circumvolat uncis ;
Polluit ore dapes. Sociis tunc arma capessant
Edico, et dira bellum cum gente gerendum.   235
Haud secus ac jussi faciunt, tectosque per herbam
Disponunt enses, et scuta latentia condunt.
Ergo, ubi delapsæ sonitum per curva dedere
Littora, dat signum specula Misenus ab alta
Ære cavo : invadunt socii, et nova prælia tentant,   240
Obscenas pelagi ferro fœdare volucres.
Sed neque vim plumis ullam, nec vulnera tergo
Accipiunt ; celerique fuga sub sidera lapsæ,
Semesam prædam et vestigia fœda relinquunt.
    Una in præcelsa consedit rupe Celæno,   245
Infelix vates, rumpitque hanc pectore vocem :
« Bellum etiam pro cæde boum stratisque juvencis,
Laomedontiadæ, bellumne inferre paratis,
Et patrio Harpyias insontes pellere regno ?
Accipite ergo animis atque hæc mea figite dicta :   250

secrets et fondant sur nous du côté opposé, la troupe bruyante aux
serres crochues voltige autour de nos tables et empoisonne les
viandes de sa bouche fétide. J'ordonne alors à mes compagnons de
prendre leurs armes et d'attaquer ouvertement cette infernale en-
geance. Ils obéissent et disposent leurs armes et leurs boucliers qu'ils
cachent auprès d'eux sous l'herbe ; puis, dès que, revenant à la charge
la troupe hideuse fait retentir le rivage du bruit de ses ailes, Misène
du haut d'une éminence, donne le signal en sonnant de la trompette
Mes compagnons attaquent les monstres, et dans ce nouveau genre
de combats s'efforcent de blesser leurs ennemis, ces obscènes oiseaux
des mers. Mais leur plume résiste au tranchant de notre fer et leur
corps est invulnérable. Elles se sauvent d'un vol rapide au plus haut
des airs, nous laissant leur proie à demi rongée et souillée de leur
traces dégoûtantes.

    La seule Céléno alla se percher sur la pointe d'une roche escarpée
et, prophétesse de malheur, fit entendre ces funestes paroles : « Quoi
fils de Laomédon, après avoir égorgé nos bœufs et nos taureaux
vous osez encore nous faire la guerre ! Prétendez-vous chasser, sans
sujet, les Harpies de l'empire paternel ? Écoutez donc, et gravez bien
dans votre esprit ces paroles sorties de ma bouche. Ce que je vais

turba sonans	la troupe retentissante
circumvolat prædam	vole-autour de la proie
pedibus uncis;	avec *ses* pieds crochus;
polluit dapes ore.	elle souille les mets de *sa* bouche.
Tunc edico sociis	Alors je commande à *mes* compagnons
capessant arma,	qu'ils prennent *leurs* armes,
et bellum gerendum	et la guerre devoir être faite
cum gente dira.	avec *cette* race odieuse.
Haud faciunt secus	Ils ne font pas autrement
ac jussi,	qu'ils ont reçu-l'ordre *de faire*,
disponuntque per herbam	et ils disposent dans l'herbe
enses tectos,	*leurs* épées couvertes (cachées),
et condunt scuta latentia.	et placent *leurs* boucliers non-apparents.
Ergo,	En conséquence,
ubi delapsæ	dès que glissant-d'en-haut (s'abattant)
dedere sonitum	elles ont donné (produit) du bruit
per littora curva,	le long du rivage courbe,
Misenus dat signum	Misène donne le signal
a specula alta	du haut d'un lieu-d'observation élevé
ære cavo :	avec l'airain creux (la trompette) :
socii invadunt,	*Mes* compagnons fondent-sur *elles*,
et tentant	et essayent
prælia nova,	des combats d'un-nouveau-genre,
fœdare ferro	*ils essayent* de blesser avec le fer
volucres obscenas pelagi.	*ces* oiseaux impurs de la mer.
Sed accipiunt	Mais elles *ne* reçoivent
neque ullam vim plumis,	ni aucune violence sur *leurs* plumes,
nec vulnera tergo,	ni *aucunes* blessures sur *leur* dos,
lapsæque sub sidera	et glissant (volant) sous les astres
fuga celeri	par une fuite rapide
relinquunt	elles laissent
prædam semesam	*leur* proie mangée-à-demi
et vestigia fœda.	et des traces hideuses.
Una Celæno	La seule Céléno
consedit in rupe præcelsa,	se posa sur une roche très-élevée,
vates infelix,	prophétesse funeste,
rupitque pectore	et fit-sortir de *sa* poitrine
hanc vocem :	ces mots :
« Laomedontiadæ,	« Fils-de-Laomédon
paratisne inferre	vous préparez-vous à *nous* apporter
etiam bellum, bellum,	encore la guerre, *oui* la guerre,
pro cæde boum	pour (après) le massacre de *nos* bœufs
juvencisque stratis,	et *nos* jeunes-taureaux abattus,
et pellere regno patrio	et à chasser du royaume paternel
Harpyias insontes?	les Harpies innocentes?
Accipite ergo animis,	Recevez donc dans *vos* esprits,
atque figite hæc dicta mea :	et gravez-*y* ces paroles miennes :

Quæ Phœbo pater omnipotens, mihi Phœbus Apollo
Prædixit, vobis Furiarum ego maxima pando.
Italiam cursu petitis, ventisque vocatis
Ibitis Italiam, portusque intrare licebit.
Sed non ante datam cingetis mœnibus urbem,   255
Quam vos dira fames, nostræque injuria cædis
Ambesas subigat malis absumere mensas. »
Dixit, et in silvam pennis ablata refugit.
   At sociis subita gelidus formidine sanguis
Deriguit; cecidere animi; nec jam amplius armis,   260
Sed votis precibusque jubent exposcere pacem,
Sive Deæ, seu sint diræ obscenæque volucres.
Et pater Anchises, passis de littore palmis,
Numina magna vocat, meritosque indicit honores :
« Di, prohibete minas ! Di, talem avertite casum,   265
Et placidi servate pios ! » Tum littore funem
Deripere excussosque jubet laxare rudentes.
Tendunt vela Noti ; ferimur spumantibus undis,

vous dire, ce qu'Apollon apprit du tout-puissant Jupiter, Apollon
me l'a déclaré, et moi, la plus redoutable des furies, je vous le dé-
clare à mon tour. Vous cherchez l'Italie, et les vents favorables vous
porteront en Italie ; l'entrée de ses ports vous sera permise ; mais
avant que vous entouriez de murailles la ville que vous devez y fonder, un fléau terrible, la faim, nous vengera de vos violences, du
massacre de nos troupeaux, et vous réduira, dans votre détresse, à
dévorer jusqu'à vos tables. » Elle dit, et reprenant son vol, elle va se
cacher dans la forêt voisine.
   Mes compagnons, glacés d'effroi, demeuraient interdits ; leur
courage était tombé. Ce n'est plus par les armes, c'est par des vœux
et des prières qu'ils veulent obtenir la paix et fléchir les Harpies,
quels que soient ces monstres, ou déesses, ou immondes et funestes
oiseaux ; et mon père, debout sur le rivage, élevant ses mains vers le
ciel, invoque les grandes divinités et commande des sacrifices en
leur honneur. « O Dieux, s'écrie-t-il, empêchez l'effet de ces mena-
ces ! Détournez de nous un tel malheur, et dans votre bonté sauvez
un peuple pieux ! » Alors il ordonne de démarrer et de détendre les
cordages. Le Notus enfle nos voiles, et, glissant sur l'onde écumante,

Quæ pater omnipotens	Ce que le père tout-puissant
prædixit Phœbo,	a prédit à Phébus,
Phœbus Apollo mihi,	Phébus Apollon à moi,
ego, maxima Furiarum,	moi, la plus grande (l'aînée) des Furies,
pando vobis.	je le découvre à vous.
Petitis Italiam	Vous cherchez-à-gagner l'Italie
cursu,	par *votre* course,
ventisque	et, les vents
vocatis,	ayant été invoqués (obtenus),
ibitis Italiam,	vous arriverez en Italie,
licebitque	et il *vous* sera permis
intrare portus.	d'entrer dans *ses* ports.
Sed non cingetis mœnibus	Mais vous n'enceindrez pas de remparts
urbem datam,	la ville *à vous* donnée,
ante quam dira fames	avant qu'une cruelle faim
injuriaque	et *la punition de* l'outrage [contre nous)
nostræ cædis	de notre massacre (de votre attentat
subigat absumere malis	*vous* amène à dévorer avec *vos* mâchoires
mensas ambesas. »	*vos* tables rongées. »
Dixit; et, ablata pennis,	Elle dit; et, emportée par *ses* ailes,
refugit in silvam.	elle s'enfuit dans la forêt.
At sanguis gelidus	Mais le sang glacé
subita formidine	par une subite terreur
deriguit sociis;	se figea chez *mes* compagnons;
animi cecidere,	*leurs* courages tombèrent,
nec jubent jam amplius	et ils ne conseillent déjà plus
exposcere pacem armis,	de réclamer la paix au moyen des armes,
sed votis precibusque,	mais par des vœux et des prières,
sive sint deæ,	soit que *ce* soient des déesses,
seu volucres	ou des oiseaux
diræ obscenæque.	sinistres et obscènes.
Et pater Anchises,	Et *mon* père Anchise,
palmis passis de littore,	les mains étendues du rivage,
vocat magna numina,	invoque les grandes divinités,
indicitque	et ordonne *pour elles*
honores meritos :	des honneurs mérités (qui leur sont dus):
« Di, prohibete minas!	« Dieux, empêchez *ces* menaces!
Di, avertite talem casum,	Dieux, détournez un tel malheur,
et placidi servate pios! »	et apaisés conservez des *hommes* pieux! »
Tum jubet	Alors il ordonne
deripere funem	de détacher promptement le câble
littore,	du rivage,
laxareque rudentes	et de lâcher les cordages
excussos.	secoués (déroulés).
Noti tendunt vela;	Les vents gonflent les voiles;
ferimur	nous sommes portés
undis spumantibus,	sur les ondes écumantes,

Qua cursum ventusque gubernatorque vocabant.

Jam medio apparet fluctu nemorosa Zacynthos,   270
Dulichiumque, Sameque, et Neritos ardua saxis.
Effugimus scopulos Ithacæ, Laertia regna,
Et terram altricem sævi execramur Ulyssei.
Mox et Leucatæ¹ nimbosa cacumina montis,
Et formidatus nautis aperitur Apollo.   275
Hunc petimus fessi, et parvæ succedimus urbi.
Anchora de prora jacitur; stant littore puppes.

Ergo insperata tandem tellure potiti,
Lustramurque Jovi, votisque incendimus aras²,
Actiaque Iliacis celebramus littora ludis³.   280
Exercent patrias oleo labente palæstras
Nudati socii. Juvat evasisse tot urbes
Argolicas, mediosque fugam tenuisse per hostes.

Interea magnum sol circumvolvitur annum,
Et glacialis hiems Aquilonibus asperat undas.   285
Ære cavo clypeum, magni gestamen Abantis,

---

nous voguons où nous portent et le pilote et les vents favorables.

Déjà nous apparaissent au milieu des flots Zacynthe aux forêts verdoyantes, Dulichium, Samé et les rocs escarpés de Nérite. Nous évitons les écueils d'Ithaque, empire de Laërte, et nous maudissons cette terre où fut nourri l'exécrable Ulysse. Bientôt se découvrent à nos yeux les sommets nébuleux de Leucate et le temple d'Apollon. Fatigués, nous gagnons cette côte, effroi des matelots, et nous entrons dans la petite cité du dieu. Nous jetons l'ancre, et les poupes de nos vaisseaux bordent le rivage.

Ainsi, contre toute espérance, nous prenons terre sur ces bords. Nous sacrifions à Jupiter, nous brûlons des offrandes sur ses autels, et nous donnons, sur le rivage d'Actium, le spectacle des jeux troyens. Mes compagnons font couler l'huile sur leurs membres nus et s'exercent aux luttes de leur pays, joyeux d'avoir échappé à tant de villes grecques et de s'être si heureusement frayé un passage au milieu de leurs ennemis.

Cependant le soleil achève sa grande course autour du cercle de l'année, et le glacial hiver ramène sur les mers les tristes Aquilons. Je suspends aux portes du temple le bouclier d'airain que portait

qua ventusque	par où et le vent
gubernatorque	et le pilote
vocabant cursum.	appelaient *notre* course.
Jam medio fluctu	Déjà au milieu des flots
apparet	apparaît
Zacynthos nemorosa,	Zacynthe couverte-de-forêts,
Dulichiumque, Sameque,	et Dulichium, et Samé,
et Neritos ardua saxis.	et Néritos élevée par *ses* rochers.
Effugimus scopulos Ithacæ,	Nous évitons les écueils d'Ithaque
regna Laertia,	royaume de-Laërte,
et execramur	et nous maudissons
terram altricem	la terre nourricière
sævi Ulyssei.	du farouche Ulysse. [nuages
Mox et cacumina nimbosa	Bientôt et les sommets couronnés-de-
montis Leucatæ,	du mont de Leucate,
et Apollo	et *le temple d'*Apollon
formidatus nautis	redouté des matelots
aperitur.	se découvre.
Fessi, petimus hunc,	Fatigués, nous gagnons ce *temple*
et succedimus parvæ urbi.	et nous entrons dans la petite ville.
Ancora jacitur de prora;	L'ancre est lancée de la proue;
puppes	les poupes (les vaisseaux)
stant littore.	se tiennent sur le rivage.
Ergo potiti tandem	Donc ayant pris-possession enfin
tellure insperata,	de la terre inespérée,
lustramurque	et nous nous purifions
Jovi,	en l'honneur de Jupiter,
incendimusque aras	et nous mettons-le-feu aux autels
votis;	par *nos* vœux (en brûlant nos offrandes);
celebramusque littora Actia	et nous remplissons les rivages d'-Actium
ludis Iliacis.	des jeux d'-Ilion.
Socii nudati	*Mes* compagnons dépouillés
exercent palæstras patrias,	s'exercent aux luttes de-la-patrie,
oleo labente.	l'huile coulant *sur leurs membres.*
Juvat	Il *nous* plaît (nous nous réjouissons)
evasisse tot urbes argolicas,	d'avoir échappé à tant de villes argiennes,
tenuisseque fugam	et d'avoir tenu (continué) *notre* fuite
per medios hostes.	à travers le milieu des ennemis.
Interea sol	Cependant le soleil
circumvolvitur	fait-sa-révolution-autour
magnum annum,	de la grande année,
et hiems glacialis	et l'hiver glacial
asperat undas	irrite (tourmente) les ondes
Aquilonibus.	par les Aquilons.
Figo postibus adversis	J'attache aux portes opposées
clypeum ære cavo,	un bouclier d'airain creux,
gestamen magni Abantis,	ornement du grand Abas,

Postibus adversis figo, et rem carmine signo :
ÆNEAS HÆC DE DANAIS VICTORIBUS ARMA.
Linquere tum portus jubeo, et considere transtris :
Certatim socii feriunt mare, et æquora verrunt.   290
Protinus aerias Phæacum abscondimus arces [1],
Littoraque Epiri legimus, portuque subimus
Chaonio, et celsam Buthroti [2] accedimus urbem.

Hic incredibilis rerum fama occupat aures,
Priamiden Helenum Graias regnare per urbes,   295
Conjugio Æacidæ Pyrrhi sceptrisque potitum,
Et patrio Andromachen iterum cessisse marito.
Obstupui ; miroque incensum pectus amore
Compellare virum, et casus cognoscere tantos.
Progredior portu, classes et littora linquens.   300
Solennes tum forte dapes et tristia dona,
Ante urbem in luco, falsi Simoentis ad undam,
Libabat cineri Andromache, Manesque vocabat
Hectoreum ad tumulum, viridi quem cespite inanem,
Et geminas, causam lacrymis, sacraverat aras.   305
Ut me conspexit venientem, et Troia circum

autrefois le grand Abas, et je consacre par ces mots mon offrande : ENÉE A ENLEVÉ CES ARMES AUX GRECS VICTORIEUX. J'ordonne ensuite de quitter le port et de se mettre à la manœuvre. Les matelots, courbés sur les rames et frappant la mer à coups mesurés, fendent à l'envi les flots, et bientôt, perdant de vue les hautes citadelles des Phéaciens et côtoyant les rivages de l'Epire, nous relâchons dans le port de Chaonie, et nous franchissons les hauteurs où s'élève la ville de Buthrote.

Là, d'incroyables bruits arrivent à nos oreilles ; on nous dit qu'Hélénus, fils de Priam, règne sur des villes grecques, qu'il est en possession de l'épouse et du sceptre de Pyrrhus, et qu'un second hymen a mis Andromaque dans les bras d'un Troyen. A ces étonnantes nouvelles je brûle du désir de voir, d'entretenir Hélénus, et d'apprendre de lui ces merveilleux événements. Je laisse nos vaisseaux le long du rivage, et, m'éloignant du port, je m'avance dans les terres. Ce jour-là même, non loin des portes de la ville, à l'ombre d'un bois sacré, au bord d'un faux Simoïs, Andromaque offrait à la cendre d'Hector un sacrifice solennel et des présents funèbres. Elle évoquait ses mânes près d'un tombeau vide formé d'un vert gazon, et pleurait au pied de deux autels, monuments de sa douleur. Dès qu'elle me voit approcher, environné d'armes

et signo rem carmine :
ÆNEAS HÆC ARMA
DE DANAIS VICTORIBUS.
Tum jubeo linquere portus,
et considere transtris :
socii feriunt mare certatim,
et verrunt æquora.
Protinus abscondimus
arces aerias Phæacum,
legimusque littora Epiri,
subimusque portu Chaonio,
et accedimus
urbem celsam Buthroti.

   Hic fama rerum
incredibilis
occupat aures,
Helenum Priamiden
regnare per urbes graias,
potitum
conjugio sceptrisque
Pyrrhi Æacidæ,
et Andromachen
cessisse iterum
marito patrio.
Obstupui ;
pectusque incensum
miro amore
compellare virum,
et cognoscere
tantos casus.
Progredior portu,
linquens classes et littora.
Tum forte Andromache
libabat cineri
dapes solennes
et tristia dona,
ante urbem in luco,
ad undam falsi Simoentis,
vocabatque Manes
ad tumulum Hectoreum,
quem inanem cespite viridi
sacraverat,
et geminas aras,
causam lacrymis.
Ut conspexit me venientem,
et amens vidit circum
arma Troia,

et je signale le fait par un vers :
ÉNÉE *a consacré* CES ARMES
prises SUR LES GRECS VAINQUEURS.
Alors j'ordonne d'abandonner le port,
et de s'asseoir sur les bancs-de-rameurs :
Mes compagnons frappent la mer à l'envi,
et balayent les plaines *liquides*.
Aussitôt nous perdons-de-vue
les hauteurs aériennes des Phéaciens,
et nous effleurons les rivages de l'Épire,
et nous entrons dans le port de-Chaonie,
et nous nous approchons
de la ville élevée de Buthrote.

   Là une renommée d'événements
incroyable
occupe (remplit) *nos* oreilles,
Hélénus fils-de-Priam
régner sur des villes grecques,
ayant pris-possession
de l'hymen (de l'épouse) et du sceptre
de Pyrrhus descendant-d'Éacus,
et Andromaque
avoir passé de nouveau
à un époux de-sa-patrie.
Je fus saisi-d'étonnement ;
et *mon* cœur *fut* enflammé
d'un étonnant (vif) désir
d'entretenir l'homme (Hélénus),
et de connaître
de si grands événements.
Je m'éloigne du port,
abandonnant la flotte et le rivage.
Alors par hasard Andromaque
offrait à la cendre *d'Hector*
des mets solennels
et de tristes dons,
devant la ville dans un bois-sacré,
près de l'onde d'un faux Simoïs,
et elle appelait les Mânes
au tombeau d'-Hector,
lequel vide, *formé* d'un gazon vert,
elle avait consacré,
et (ainsi que) deux autels,
sujet de larmes *pour elle.*
Dès qu'elle aperçut moi venant *vers elle,*
et qu'éperdue elle vit autour de *moi*
des armes troyennes,

Arma amens vidit, magnis exterrita monstris
Deriguit visu in medio ; calor ossa reliquit.
Labitur, et longo vix tandem tempore fatur :
« Verane te facies, verus mihi nuntius affers,   340
Nate dea ? vivisne ? aut, si lux alma recessit,
Hector ubi est ? » Dixit, lacrymasque effudit, et omnem
Implevit clamore locum. Vix pauca furenti
Subjicio, et raris turbatus vocibus hisco :
« Vivo equidem, vitamque extrema per omnia duco. 345
Ne dubita ; nam vera vides.
Heu ! quis te casus dejectam conjuge tanto
Excipit ? aut quæ digna satis fortuna revisit ?
Hectoris, Andromache, Pyrrhin' connubia servas ? »

Dejecit vultum, et demissa voce locuta est :   320
« O felix una ante alias Priameia virgo ¹,
Hostilem ad tumulum Trojæ sub mœnibus altis
Jussa mori, quæ sortitus non pertulit ullos,
Nec victoris heri tetigit captiva cubile !
Nos, patria incensa, diversa ² per æquora vectæ, 325

troyennes, éperdue, glacée d'épouvante comme à la vue d'une
apparition effrayante, elle tombe, la vie abandonne ses membres.
Enfin, revenue à peine d'un long évanouissement : « Est-ce bien
vous en effet, me dit-elle, est-ce bien vous que je vois, fils d'une
déesse ? Êtes-vous vivant encore ? ou, si la douce lumière s'est retirée
de vous, où est mon Hector ? » Elle dit et verse d'abondantes
larmes, et remplit de ses cris les lieux d'alentour. Ému de tant de
douleurs, je lui réponds à peine et d'une voix entrecoupée de san-
glots : « Oui, je vis et je traîne mes jours à travers tous les malheurs. N'en doutez point ; ce que vous voyez est trop véritable. Mais
vous-même, vous privée d'un si illustre époux, quel sort vous
éprouve aujourd'hui ? Quelle fortune nouvelle, assez digne de vous,
vous a été faite ? Andromaque ! dirai-je l'épouse d'Hector ou l'épouse
de Pyrrhus ? »

Elle baissa les yeux, et d'une voix affaiblie : « O heureuse entre
toutes la vierge fille de Priam, Polyxène, qui, condamnée à mourir sur le tombeau d'un ennemi, à la vue des hauts remparts
d'Ilion, n'a pas subi l'outrage d'être adjugée par le sort à un maître
et d'entrer comme captive dans le lit du vainqueur ! Moi, traînée
de mer en mer, après l'embrasement de Troie, j'ai supporté les su-

exterrita magnis monstris,	épouvantée de *si* grands prodiges,
deriguit	elle se raidit (s'évanouit)
in medio visu;	au milieu de *cette* vue;
calor reliquit ossa.	la chaleur abandonna *ses* os.
Labitur, et vix tandem	Elle tombe, et à peine enfin
longo tempore fatur :	après un long temps elle dit :
« Tene affers mihi	« T'apportes-tu à moi
facies vera,	*étant* une apparence véritable
verus nuntius,	un véritable messager,
nate dea? vivisne?	*ô toi* né d'une déesse? vis-tu?
aut, si lux alma	ou, si la lumière bienfaisante
recessit,	s'est retirée *de toi*,
ubi est Hector? »	où est Hector? »
Dixit, effuditque lacrymas,	Elle dit, et versa des larmes,
et implevit clamore	et remplit de *ses* cris
omnem locum.	tout le lieu.
Vix subjicio pauca	A peine je réponds peu *de mots*
furenti,	à *Andromaque* hors-d'elle,
et turbatus hisco	et troublé *à peine* j'ouvre-la-bouche
raris vocibus :	pour de rares paroles :
« Vivo equidem,	« Je vis assurément,
ducoque vitam	et je mène (je passe) *ma* vie
per omnia extrema.	au milieu de tous les *malheurs* extrêmes.
Ne dubita;	N'*en* doute pas;
nam vides vera.	car tu vois des *choses* vraies.
Heu! quis casus excipit te	Hélas! quel hasard (sort) accueille toi
dejectam tanto conjuge?	déchue (privée) d'un si grand époux?
aut quæ fortuna satis digna	ou quelle fortune assez digne *de toi*
revisit?	*t*'a visitée-de-nouveau?
Andromache,	Andromaque,
servas connubia	gardes-tu le mariage (es-tu l'épouse)
Hectoris, Pyrrhine? »	d'Hector ou de Pyrrhus? »
Dejecit vultum,	Elle baissa le visage,
et locuta est voce demissa :	et dit d'une voix abattue (faible) :
« O felix una	« O heureuse seule
ante alias	avant (plus que) les autres
virgo Priameia,	la vierge fille-de-Priam,
jussa mori	qui-reçut-l'ordre de mourir
ad tumulum hostilem	près du tombeau d'un-ennemi
sub mœnibus altis Trojæ,	sous les remparts élevés de Troie,
quæ non pertulit	qui ne supporta pas
ullos sortitus,	des partages-au-sort,
nec tetigit captiva	et ne toucha pas captive
cubile victoris heri!	le lit d'un vainqueur *son* maître!
Nos, patria incensa,	Nous, *notre* patrie ayant été embrasée,
vectæ per æquora diversa,	emportées sur des mers lointaines,
enixæ servitio,	ayant enfanté dans l'esclavage,

Stirpis Achilleæ fastus, juvenemque superbum,
Servitio enixæ, tulimus, qui deinde, secutus
Ledæam Hermionen Lacedæmoniosque hymenæos,
Me famulam famuloque Heleno transmisit habendam.
Ast illum, ereptæ magno inflammatus amore   330
Conjugis, et scelerum furiis agitatus, Orestes
Excipit incautum, patriasque obtruncat ad aras.
Morte Neoptolemi regnorum reddita cessit
Pars Heleno, qui Chaonios cognomine campos,
Chaoniamque omnem Trojano a Chaone dixit,   335
Pergamaque Iliacamque jugis hanc addidit arcem.
Sed tibi qui cursum venti, quæ fata dedere?
Aut quisnam ignarum nostris deus appulit oris?
Quid puer Ascanius? superatne, et vescitur aura¹?
Quem tibi jam Troja²....   340
Ecqua tamen puero est amissæ cura parentis?
Ecquid in antiquam virtutem animosque viriles
Et pater Æneas et avunculus excitat Hector? »
    Talia fundebat lacrymans, longosque ciebat

perbes dédains du fils d'Achille; et, soumise à son insolent amour,
j'ai enfanté dans la servitude. Bientôt l'orgueilleux Pyrrhus, épris de
la fille de Léda et formant à Lacédémone un nouvel hymen,
m'abandonna, moi esclave, à son esclave Hélénus. Mais Oreste,
brûlant d'amour pour l'épouse qu'on lui ravit, Oreste, que tour-
mentent les furies vengeresses, surprend son rival sans défense et
l'immole au pied des autels. Par la mort de Néoptolème, une partie
de ses États devint l'héritage d'Hélénus, qui, du nom du Troyen
Chaon, a appelé ces contrées Chaonie, et a bâti sur ces hauteurs une
autre Pergame, une autre citadelle d'Ilion. Mais vous, quels vents et
quels destins ont dirigé votre course? quel dieu vous a, à votre
insu, amené sur ces rivages? Et le jeune Ascagne, le ciel vous
l'a-t-il conservé? jouit-il encore de la lumière du jour, cet enfant
que vous donna Créuse quand déjà Troie.... Paraît-il sensible à la
perte de sa mère? sent-il déjà son cœur s'ouvrir aux antiques vertus
de sa race, cet enfant, fils d'Énée et neveu d'Hector? »
    Ainsi parlait Andromaque, fondant en larmes et poussant de vains

tulimus fastus	nous avons enduré les dédains
stirpis Achilleæ,	de la race d'-Achille,
juvenemque superbum,	et *ce* jeune homme orgueilleux,
qui deinde,	qui ensuite,
secutus Hermionen	ayant recherché Hermione
Ledæam,	fille-de-Léda,
hymenæosque	et un hymen
Lacedæmonios,	lacédémonien,
transmisit me habendam	transmit moi devant être possédée
Heleno famulo	à Hélénus *son* esclave
famulamque.	*moi* esclave aussi.
Ast Orestes,	Mais Oreste,
inflammatus magno amore	enflammé d'un grand amour
conjugis ereptæ,	pour *son* épouse enlevée,
et agitatus furiis scelerum,	et poursuivi par les furies de *ses* crimes,
excipit illum incautum,	surprend lui sans-défense,
obtruncatque	et *l'*égorge
ad aras patrias.	au pied des autels de-son-père.
Morte Neoptolemi,	Par la mort de Néoptolème,
pars regnorum	une partie du royaume
cessit Heleno	échut à Hélénus
reddita;	*lui* ayant été remise (livrée);
qui dixit campos	*à Hélénus* qui a appelé *ces* champs
Chaonios cognomine,	Chaoniens d'un surnom,
omnemque Chaoniam	et toute la Chaonie
a Chaone Trojano,	*du nom* de Chaon le Troyen;
addiditque jugis	et qui a ajouté à (bâti sur) *ces* hauteurs
Pergamaque,	et une Pergame,
hancque arcem Iliacam.	et cette citadelle d'-Ilion.
Sed qui venti, quæ fata	Mais quels vents, quels destins
dedere tibi cursum?	ont donné (réglé) à toi *ta* course?
aut quisnam deus	ou quel dieu
appulit nostris oris	a poussé à nos bords
ignarum?	*toi* ignorant *ces événements?*
Quid puer Ascanius?	Que *devient* l'enfant Ascagne?
superatne,	survit-il,
et vescitur aura?	et se nourrit-il de l'air (respire-t-il)?
quem tibi,	*lui* que *Créuse* te *donna*,
jam Troja.....	déjà Troie.... [fant
Ecqua cura tamen est puero	Quelque chagrin cependant est-il à l'en-
parentis amissæ?	*à cause de sa* mère perdue?
Ecquid et pater Æneas	Est-ce que et *son* père Énée
et avunculus Hector	et *son* oncle Hector
excitat in antiquam vitutem	*l'*excitent à l'antique valeur
animosque viriles? »	et aux sentiments virils? »
Fundebat	Elle versait (prononçait)
talia lacrymans,	de telles *paroles* en pleurant,

Incassum fletus, quum sese a mœnibus heros   345
Priamides multis Helenus comitantibus affert,
Agnoscitque suos, lætusque ad limina ducit,
Et multum lacrymas verba inter singula fundit.
Procedo, et parvam Trojam, simulataque magnis
Pergama, et arentem Xanthi cognomine rivum   350
Agnosco, Scææque amplector limina portæ.
Nec non et Teucri socia simul urbe fruuntur.
Illos porticibus rex accipiebat in amplis.
Aulai in medio libabant pocula Bacchi,
Impositis auro dapibus, paterasque tenebant.   355
        Jamque dies, alterque dies processit, et auræ
Vela vocant, tumidoque inflatur carbasus Austro.
His vatem aggredior dictis, ac talia quæso :
« Trojugena, interpres Divum, qui numina Phœbi,
Qui tripodas, Clarii lauros, qui sidera sentis,   360
Et volucrum linguas, et præpetis omina pennæ,

gémissements, quand le noble fils de Priam, Hélénus, quittant les murs de la ville, vint au-devant de nous, entouré d'un nombreux cortége. Il reconnaît ses concitoyens, nous accueille avec joie et nous conduit dans son palais. Des larmes d'attendrissement se mêlent à chacune de ses paroles. J'admire, en avançant, une petite Troie image affaiblie de la grande Pergame; un ruisseau desséché s'appelle le Xanthe; je baise, en entrant, la porte de Scée. Mes compagnons sont, comme moi, heureux de trouver une ville amie. Le roi les reçoit sous de vastes portiques. Au milieu de sa cour, assis aux tables royales où les mets chargeaient des bassins d'or, ils offraient à Bacchus le vin des libations et vidaient joyeusement les coupes.

Deux jours s'étaient écoulés; déjà les vents propices nous appellent; la voile s'enfle au souffle de l'Auster. Je m'adresse à Hélénus, prêtre et roi, et consultant sa sagesse : « Enfant de Troie, lui dis-je, fidèle interprète des dieux, vous que Phébus inspire et pour qui ni les trépieds sacrés, ni les lauriers de Claros, ni les astres du ciel n'ont rien d'obscur; qui comprenez le langage des oiseaux et savez tirer de sûrs présages de leur vol à travers les airs, parlez,

ciebatque incassum	et elle poussait en vain
longos fletus ;	de longs pleurs ;
quum heros Priamides	lorsque le héros fils-de-Priam
Helenus sese affert	Hélénus s'apporte (se présente)
a mœnibus,	*venant* des murs,
multis comitantibus,	beaucoup *l'*accompagnant,
agnoscitque suos,	et reconnaît les siens,
lætusque ducit	et joyeux *les* conduit
ad limina,	vers le seuil *de son palais,*
et fundit multum lacrymas	et verse abondamment des larmes
inter singula verba.	entre chaque parole.
Procedo,	Je m'avance,
et agnosco parvam Trojam,	et je reconnais une petite Troie,
Pergamaque	et une Pergame
simulata magnis,	imitée d'après la grande,
et rivum arentem	et un ruisseau desséché
cognomine Xanthi,	du surnom de Xanthe,
amplectorque limina	et j'embrasse le seuil
portæ Scææ.	de la porte de-Scée.
Nec non et Teucri	Et les Troyens aussi
fruuntur simul	jouissent en même temps
urbe socia.	d'une ville alliée.
Rex accipiebat illos	Le roi recevait eux
in amplis porticibus.	dans de vastes portiques.
In medio aulai	Au milieu de la cour
libabant	ils goûtaient (vidaient)
pocula Bacchi,	les coupes de Bacchus, [d'or),
dapibus impositis auro,	les mets étant placés-sur de l'or (des plats
tenebantque pateras.	et ils tenaient *en main* les patères.
Jamque dies,	Et déjà un jour,
alterque dies	et un autre jour
processit,	s'est avancé (a passé),
et auræ vocant vela,	et les brises appellent les voiles,
carbasusque inflatur	et la toile s'enfle
Austro tumido.	par l'Auster gonflé (qui la gonfle).
Aggredior vatem his dictis,	J'aborde le prophète avec ces paroles,
ac quæso talia :	et je *lui* demande de telles *choses* :
« Trojugena,	« Enfant-de-Troie,
interpres divum,	interprète des dieux,
qui sentis	qui sens (comprends)
numina Phœbi,	les volontés de Phébus,
qui tripodas,	qui *comprends* les trépieds,
lauros Clarii,	les lauriers du *dieu* de-Claros,
qui sidera,	qui *comprends* les astres,
et linguas volucrum,	et les langages des oiseaux,
et omina pennæ præpetis,	et les présages de *leur* aile rapide,
fare, age ;	parle, va ;

Fare age; namque omnem cursum mihi prospera dixit
Religio, et cuncti suaserunt numine Divi
Italiam petere, et terras tentare repostas;
Sola novum, dictuque nefas Harpyia Celæno   365
Prodigium canit, et tristes denuntiat iras,
Obscenamque famem. Quæ prima pericula vito ?
Quidve sequens tantos possim superare labores ? »

   Hic Helenus, cæsis primum de more juvencis,
Exorat pacem Divum, vittasque resolvit   370
Sacrati capitis, meque ad tua limina, Phœbe,
Ipse manu multo suspensum numine ducit;
Atque hæc deinde canit divino ex ore sacerdos :

   « Nate Dea (nam te majoribus ire per altum
Auspiciis manifesta fides : sic fata Deum rex   375
Sortitur, volvitque vices; is vertitur ordo),
Pauca tibi e multis, quo tutior hospita lustres
Æquora et Ausonio possis considere portu,
Expediam dictis : prohibent nam cetera Parcæ
Scire Helenum, farique vetat Saturnia Juno.   380

éclairez-moi. Tous les augures ont promis à mes longs voyages un terme fortuné; tous les avis des dieux me conseillent de gagner l'Italie et de chercher ces terres lointaines. La seule Harpie Céléno, par un prodige affreux à raconter, nous menace de vengeances terribles, nous prédit une horrible famine. De quel danger dois-je d'abord me garantir? et par quel moyen triompherai-je de tant d'épreuves nouvelles? »

Alors Hélénus immole, selon la coutume, de jeunes taureaux aux dieux pour se les rendre favorables; puis, détachant ses bandelettes sacrées, il me prend par la main et me conduit dans votre redoutable sanctuaire, ô Phébus! et là, tout troublé de la sainte majesté du lieu, j'entends ces paroles sortir de la bouche auguste du pontife :

« Fils d'une déesse, tu traverses les mers, j'en ai l'assurance manifeste, sous les auspices du ciel même. Ainsi, le maître des dieux dispose du destin des mortels et en déroule les vicissitudes. Tel est l'ordre immuable. Pour te conduire avec plus de sûreté sur les mers qui doivent te porter, pour aborder dans les ports de l'Ausonie, écoute les secrets qu'il m'est permis de te révéler. Les Parques dérobent le reste à la connaissance d'Hélénus, et l'auguste fille de Saturne me défend de le dire. D'abord cette Italie qui te

namque religio prospera	car la religion (l'oracle) favorable
dixit mihi omnem cursum,	a dit à moi (m'a prédit) toute *ma* course,
et cuncti divi	et tous les dieux
suaserunt numine	m'ont conseillé par *leur* volonté
petere Italiam,	de gagner l'Italie,
et tentare terras repostas.	et de chercher *ces* terres éloignées.
Harpyia Celæno	La Harpie Céléno
sola canit	seule *me* prédit
prodigium novum,	un prodige nouveau
nefasque dictu,	et illicite à être dit,
et denuntiat tristes iras,	et m'annonce de terribles colères,
famemque obscenam.	et une faim funeste.
Quæ pericula vito prima ?	Quels dangers dois-je-éviter les premiers ?
quidve sequens,	ou quoi (quelle marche) suivant,
possim superare	pourrais-je surmonter
tantos labores ? »	de si grands travaux ? »
Hic Helenus,	Alors Hélénus,
juvencis	des jeunes-taureaux
cæsis primum	étant immolés d'abord
de more,	selon la coutume,
exorat pacem divum,	demande-avec-prière la faveur des dieux,
resolvitque vittas	et détache les bandelettes
capitis sacrati,	de *sa* tête sacrée,
ipseque ducit me manu	et lui-même il conduit moi par la main
ad tua limina, Phœbe,	à ton seuil, Phébus,
suspensum	*moi* suspendu (troublé)
multo numine ;	par la grande majesté *du dieu;*
atque deinde sacerdos	et ensuite le prêtre
canit hæc ex ore divino :	chante ces *paroles* de *sa* bouche divine :
« Nate dea	« *O toi* né d'une déesse
(nam fides manifesta	(car l'assurance *est à moi* manifeste
te ire per altum	toi aller à travers la haute *mer*
auspiciis majoribus :	sous des auspices plus grands :
sic rex deum sortitur fata,	ainsi le roi des dieux dispose les destins,
volvitque vices ;	et roule (règle) les chances ;
is ordo vertitur),	tel l'ordre *des événements* se déroule),
expediam tibi dictis	j'expliquerai à toi en paroles
pauca e multis,	peu de choses parmi de nombreuses,
quo lustres tutior	afin que tu parcoures plus-en-sûreté
æquora hospita,	des mers hospitalières,
et possis considere	et que tu puisses te reposer
portu Ausonio ;	dans le port de-l'Ausonie ;
nam Parcæ prohibent	car les Parques empêchent
Helenum scire cetera,	Hélénus savoir le reste,
Junoque Saturnia	et Junon fille-de-Saturne
vetat fari.	défend de *le* dire.
Principio longa via invia	D'abord une longue route difficile

Principio Italiam, quam tu jam rere propinquam,
Vicinosque, ignare, paras invadere portus,
Longa procul longis via dividit invia terris.
Ante et Trinacria lentandus remus in unda,
Et salis Ausonii lustrandum navibus æquor,   385
Infernique lacus, Æææque insula Circes [1],
Quam tuta possis urbem componere terra.
Signa tibi dicam ; tu condita mente teneto.
Quum tibi sollicito secreti ad fluminis undam
Littoreis ingens inventa sub ilicibus sus,   .   390
Triginta capitum fetus enixa, jacebit,
Alba, solo recubans, albi circum ubera nati,
Is locus urbis erit; requies ea certa laborum.
Nec tu mensarum morsus horresce futuros :
Fata viam invenient, aderitque vocatus Apollo.   395
Has autem terras, Italique hanc littoris oram
Proxima quæ nostri perfunditur æquoris æstu,
Effuge ; cuncta malis habitantur mœnia Graiis.
Hic et Narycii posuerunt mœnia Locri,
Et Salentinos obsedit milite campos   400
Lyctius Idomeneus ; hic illa ducis Melibœi
Parva Philoctetæ subnixa Petilia [2] muro.

semble si proche, ces ports que, dans ton ignorance, tu crois si voisins, et prêts à te recevoir, un long espace, un trajet difficile les sépare
de ces contrées. Longtemps tes rames fatigueront la mer Trina-
crienne, longtemps les eaux salées de la mer d'Ausonie blanchiront
sous tes poupes, et il te faudra franchir et les lacs où s'ouvrent les
enfers, et l'île de Circé, avant que tu puisses fonder ta nouvelle cité
sur une terre hospitalière. Je te dirai les signes qui doivent te gui-
der ; garde-les soigneusement dans ta mémoire. Un jour que, l'esprit agité d'inquiétudes, tu chemineras le long d'un fleuve écarté, tu
trouveras sur la rive, et couchée sous des chênes, une énorme laie
blanche, et, réunis autour de ses mamelles, trente petits nouveau-
nés, blancs comme elle, et comme elle couchés sur le sable. Là sera
l'emplacement de ta ville, là le terme de tes travaux. Ne t'effraye
point de ces tables que tu dois dévorer un jour; les destins promis
s'accompliront, et tes prières seront exaucées d'Apollon. Mais évite
surtout, évite ces côtes voisines que bat sans cesse le flot de notre
mer; là toutes les villes sont habitées par les perfides Grecs. Ici les
Locriens, sortis de Naryce, ont élevé leurs remparts ; là, Idoménée,
de Lyctus, couvre de ses soldats tout le territoire de Salente;
ailleurs le roi de Mélibée, Philoctète, a fortifié d'un mur l'humble

dividit procul longis terris	sépare au loin par de longues terres
Italiam ,	l'Italie,
quam tu rere	que toi tu crois
jam propinquam ,	déjà proche ,
parasque, ignare,	et *dont* tu te prépares, *ô toi* qui-ignores,
invadere portus vicinos.	à aborder les ports voisins.
Et remus lentandus	Et la rame *est* à-courber
in unda Trinacria,	dans l'onde trinacrienne (de Sicile),
et æquor	et la plaine
salis Ausonii	de l'eau-salée (la mer) d'-Ausonie
lustrandum navibus,	*est* à-parcourir avec *tes* vaisseaux,
lacusque inferni,	et les lacs des-enfers,
insulaque Circes Ææ',	et l'île de Circé d'-Éa,
ante quam possis	avant que tu puisses
componere urbem	établir une ville
terra tuta.	sur une terre sûre.
Dicam tibi signa :	Je dirai à toi des signes :
tu teneto condita mente.	toi garde-*les* renfermés dans *ton* esprit.
Quum ingens sus	Lorsqu'une énorme laie
inventa tibi sollicito	trouvée par toi tourmenté
ad undam fluminis secreti,	près de l'onde d'un fleuve écarté ,
jacebit sub ilicibus littoreis,	sera couchée sous les yeuses du-rivage,
enixa fetus	ayant mis-bas une portée
triginta capitum ,	de trente têtes,
alba , recubans solo ,	blanche, étendue sur le sol,
albi nati circum ubera ,	*ses* blancs petits autour de *ses* mamelles ,
is erit locus urbis ;	ce sera la place de *ta* ville;
ea requies certa laborum.	ce *sera* le repos assuré de *tes* travaux.
Nec tu horresce	Et ne redoute pas
morsus futuros mensarum :	les morsures futures de *tes* tables :
fata invenient viam ,	les destins trouveront *leur* issue,
Apolloque vocatus aderit.	et Apollon invoqué *t*'assistera.
Effuge autem has terras ,	Mais évite ces terres ,
hancque oram littoris Itali,	et ce bord du rivage de-l'Italie
quæ proxima	qui le plus proche *de nous*
perfunditur æstu	est baigné par le flot-agité
nostri æquoris ;	de notre mer;
cuncta mœnia habitantur	tous les remparts *y* sont habités
Graiis malis.	par les Grecs méchants.
Hic et Locri Narycii	Là et les Locriens de-Naryce
posuerunt mœnia ,	ont établi des remparts ,
et Idomeneus Lyctius	et Idoménée de-Lyctus
obsedit milite	a assiégé (occupé) avec *ses* soldats
campos Salentinos ;	les champs de-Salente;
hic illa parva Petilia	là *est* cette petite *ville de* Pétilie
Philoctetæ ducis melibœi	de Philoctète chef mélibéen
subnixa muro.	appuyée-sur un mur.

Quin , ubi transmissæ steterint trans æquora classes ,
Et positis aris jam vota in littore solves ,
Purpureo velare comas adopertus amictu ,   405
Ne qua inter sanctos ignes in honore Deorum
Hostilis facies occurrat , et omina turbet.
Hunc socii morem sacrorum , hunc ipse teneto ;
Hac casti maneant in religione nepotes.

  « Ast, ubi digressum Siculæ te admoverit oræ   410
Ventus, et angusti rarescent claustra Pelori [1],
Læva tibi tellus et longo læva petantur
Æquora circuitu ; dextrum fuge littus et undas.
Hæc loca, vi quondam et vasta convulsa ruina,
Tantum ævi longinqua valet mutare vetustas !   415
Dissiluisse ferunt, quum protenus utraque tellus
Una foret ; venit medio vi pontus , et undis
Hesperium Siculo latus abscidit , arvaque et urbes
Littore diductas angusto interluit æstu.

Pétilie. Lorsque ta flotte t'aura transporté au delà des mers, et que,
dressant des autels sur le rivage , tu voudras accomplir tes vœux,
souviens-toi de couvrir ta tête d'un voile de pourpre, de peur qu'au
moment où les feux sacrés brûleront en l'honneur des dieux, quelque
visage ennemi ne s'offre à tes regards et ne trouble les auspices.
Que ton peuple observe toujours, durant les saints mystères, cet
usage religieux ; observe-le toi-même, et que tes pieux descendants
perpétuent à jamais ce rit solennel

  « Mais dès que le vent, enflant tes voiles , t'aura porté près de la
Sicile, et que tu verras s'élargir devant toi l'étroite barrière de Pélore, tourne vers la gauche et, par un long circuit, gagne la mer
et les terres qui sont de ce côté ; fuis au contraire et les ondes et les
rivages de la droite. Autrefois , dit-on , ces lieux , s'ébranlant sous
une violente et vaste secousse, se séparèrent avec un épouvantable
fracas : tant la longue durée des siècles peut amener de change-
ments ! Les deux contrées, jusqu'alors réunies, ne formaient qu'un
même continent ; la mer, par l'effort de son onde, s'ouvrant un passage entre elles , détacha l'Hespérie de la Sicile, et baigna sur sa
double rive leurs villes et leurs campagnes désormais séparées. La

Quin , ubi classes steterint | De plus, dès que *tes* flottes se seront arrêtées
transmissæ trans æquora, | transportées au delà des mers ,
et , aris positis, | et que , des autels étant établis ,
solves jam vota in littore, | tu accompliras alors *tes* vœux sur le rivage,
velare comas , | sois voilé quant à *tes* cheveux,
adopertus | couvert
amictu purpureo , | d'un vêtement de-pourpre ,
ne qua facies hostilis | de peur que quelque figure ennemie
occurrat | ne se présente
inter ignes sanctos | au milieu des feux sacrés   [dieux),
in honore deorum, | pendant le culte des dieux (rendu aux
et turbet omina. | et ne trouble les présages.
Socii hunc morem | Que *tes* compagnons *gardent* cette coutume
sacrorum, | des *cérémonies* sacrées ,
teneto hunc ipse; | garde-la toi-même ;
casti nepotes | que *tes* pieux descendants
maneant in hac religione. | demeurent dans cette habitude-religieuse.
« Ast , ubi ventus | « Mais , dès que le vent
admoverit oræ Siculæ | aura approché de la rive de-Sicile
te digressum, | toi parti *d'ici*,
et claustra Pelori angusti | et que les barrières du Pélore étroit
rarescent, | deviendront-plus-rares (s'élargiront) ,
tellus læva, | que la terre *qui est* à-gauche,
et æquora læva | et que les mers *qui sont* à-gauche
petantur tibi | soient gagnées par toi
longo circuitu ; | par un long circuit (détour);
fuge littus dextrum | fuis le rivage de-droite,
et undas. | et les ondes *du côté droit*.
Ferunt hæc loca | On rapporte ces lieux
convulsa quondam vi | arrachés (divisés) autrefois par violence
et vasta ruina | et par une vaste ruine
dissiluisse, | s'être séparés,
tantum longinqua vetustas | tant la longue antiquité
ævi | de l'âge (du temps)
valet mutare! | a-de-pouvoir pour changer *les choses!*
quum utraque tellus | alors que l'une et l'autre terre
foret una protenus; | était une-seule sans-solution ;
pontus venit medio | la mer vint au milieu
vi , et undis | avec violence , et par *ses* eaux
abscidit latus Hesperium | détacha le côté de-l'Hespérie
Siculo, | de celui de-la-Sicile,
æstuque angusto | et avec un bouillonnement resserré
interluit arva | coula-entre les campagnes
et urbes | et les villes
diductas littore. | séparées par le rivage (la mer).
Scylla obsidet | Scylla occupe
latus dextrum, | le côté droit,

Dextrum Scylla latus, lævum implacata Charybdis [1]   420
Obsidet, atque imo barathri ter gurgite vastos
Sorbet in abruptum fluctus, rursusque sub auras
Erigit alternos, et sidera verberat unda.
At Scyllam cæcis cohibet spelunca latebris,
Ora exsertantem, et naves in saxa trahentem.   425
Prima hominis facies, et pulchro pectore virgo
Pube tenus; postrema immani corpore pristis
Delphinum caudas utero commissa luporum [2].
Præstat Trinacrii metas lustrare Pachyni [3]
Cessantem, longos et circumflectere cursus,   430
Quam semel informem vasto vidisse sub antro
Scyllam, et cæruleis canibus resonantia saxa.
Præterea, si qua est Heleno prudentia, vati
Si qua fides, animum si veris implet Apollo,
Unum illud tibi, nate Dea, præque omnibus unum   435
Prædicam, et repetens iterumque iterumque monebo:
Junonis magnæ primum prece numen adora;

droite est gardée par Scylla; Charybde défend la gauche, et, trois
fois le jour, monstre implacable, il engloutit les flots dans ses profonds abîmes, trois fois les revomit et les lance jusqu'aux cieux.
Scylla, cachée dans ses ténébreuses retraites, avance la tête hors de
son antre et entraîne les vaisseaux contre ses rochers invisibles.
Son visage est d'un homme; elle a la poitrine séduisante d'une jeune
fille, et, poisson hideux par le reste du corps, son ventre de
loup se recourbe en queue tortueuse de dauphin. Il vaut mieux
allonger ta route d'un grand détour et doubler longuement le promontoire de Pachynum, que d'affronter une seule fois dans son
antre l'affreuse Scylla, et les rochers qui sans cesse retentissent des
aboiements de ses chiens hurlant sous les ondes. Enfin, si Hélénus
a quelque connaissance de l'avenir, si quelque confiance peut être
accordée au devin, et si Apollon remplit son âme de ses di-
vines clartés, il est, ô fils de Vénus, un avis que je vais te
donner et que je dois te répéter sans cesse, parce qu'il est le
plus important de tous. Que Junon soit avant tout l'objet de tes

implacata Charybdis	l'implacable Charybde
lævum,	le *côté* gauche,
atque sorbet ter	et engloutit trois fois
in abruptum	en précipice
vastos fluctus	les vastes flots
imo gurgite barathri,	dans le fond du gouffre de *son* abîme,
rursusque erigit	et de nouveau *les* dresse (les lance)
alternos sub auras,	alternes (alternativement) sous les airs,
et verberat sidera unda.	et frappe les astres avec l'onde
At spelunca	Au contraire une caverne
cohibet	retient (enferme)
latebris cæcis	dans des cachettes obscures
Scyllam, exsertantem ora,	Scylla, qui avance-dehors son visage,
et trahentem naves in saxa.	et qui traîne les vaisseaux sur les rochers.
Prima facies	La première figure (le haut du corps)
hominis,	*est* d'homme (humaine),
et tenus pube	et jusqu'à l'aine
virgo pulchro pectore;	une jeune fille d'une belle poitrine;
postrema	l'extrémité *du corps*
pristis corpore immani	*est* une baleine d'un corps énorme
commissa	réunie
caudas delphinum	par des queues de dauphins
utero luporum.	à un ventre de loup.
Præstat	Il est-préférable
lustrare cessantem	de parcourir en se ralentissant
metas Pachyni Trinacrii,	les bornes de Pachynum de-Trinacrie,
et flectere circum	et de plier autour (de perdre en détours)
longos cursus,	de longues courses,
quam vidisse semel	*plutôt* que d'avoir vu une fois
informem Scyllam	l'informe (monstrueuse) Scylla
sub antro vasto,	sous *son* antre vaste,
et saxa resonantia	et les rochers qui retentissent
canibus cœruleis.	*des cris* de *ses* chiens couleur-d'azur.
Præterea,	En outre,
si qua prudentia est Heleno,	si quelque prévision est à Hélénus,
si qua fides est vati,	si quelque confiance est *due* au prophète,
si Apollo	si Apollon
implet animum veris,	remplit *mon* esprit de choses vraies,
prædicam tibi,	je recommanderai à toi,
nate dea,	*héros* né d'une déesse,
illud unum,	ce *point* seul,
unumque præ omnibus,	et seul de préférence à tous *les autres,*
et repetens	et *le* répétant
iterumque iterumque	et de nouveau et de nouveau
monebo :	je *t'*avertirai :
primum adora prece	d'abord invoque avec prière
magnum numen Junonis;	la grande divinité de Junon;

Junoni cane vota libens, dominamque potentem
Supplicibus supera donis : sic denique victor
Trinacria fines Italos mittere relicta.   440

  « Huc ubi delatus Cumæam accesseris urbem,
Divinosque lacus et Averna sonantia silvis[1],
Insanam vatem adspicies, quæ rupe sub ima
Fata canit, foliisque notas et nomina mandat.
Quæcumque in foliis descripsit carmina virgo,   445
Digerit in numerum, atque antro seclusa relinquit.
Illa manent immota locis, neque ab ordine cedunt.
Verum eadem verso tenuis quum cardine ventus
Impulit, et teneras turbavit janua frondes,
Nunquam deinde cavo volitantia prendere saxo,   450
Nec revocare situs, aut jungere carmina curat.
Inconsulti abeunt, sedemque odere Sibyllæ.
Hic tibi ne qua moræ fuerint dispendia tanti,
Quamvis increpitent socii, et vi cursus in altum
Vela vocet, possisque sinus implere secundos,   455

prières ; adresse-lui tes vœux du fond du cœur, et fléchis, par tes
soumissions et tes offrandes, le courroux de cette puissante reine des
dieux. C'est à ce prix qu'enfin vainqueur de tous les obstacles, tu
verras, en quittant la Sicile, s'ouvrir devant toi les portes de l'Ausonie.

  « Lorsque arrivé sur ces rives tu approcheras de la ville de Cumes,
non loin des lacs mystérieux et des retentissantes forêts de l'Averne,
tu visiteras la prêtresse inspirée qui, au fond de sa grotte, chante
les destins des mortels et confie à des feuilles ses réponses fatidiques.
Ces oracles, ces caractères sacrés, la vierge les place dans un ordre
certain et les garde enfermés dans son antre, où ils restent immobiles
et dans le rang qu'elle leur a fixé. Mais si, tournant sur ses gonds,
la porte livre passage au vent, si son souffle les chasse et les dis-
perse, la sibylle dédaigne de ramasser ces feuilles voltigeant au hasard dans le souterrain, et de rétablir l'ordre et la suite des vers.
On s'en retourne alors sans réponse, en maudissant l'antre de la
sibylle. Quant à toi, ne regarde pas au temps que tu passeras dans
ces lieux, et quelque impatience que te montrent tes compagnons,
quelque pressé que tu sois toi-même d'achever ta course, quelque
bon vent qui t'appelle et te promette d'enfler tes voiles, va trouver

cane vota Junoni	chante (adresse) des vœux à Junon
libens,	de-bon-cœur,
superaque	et vaincs (fléchis)
potentem dominam	*cette* puissante maîtresse
donis supplicibus :	par des dons suppliants :
sic denique victor	ainsi enfin vainqueur
mittere fines Italos,	tu seras envoyé aux confins d'-Italie,
Trinacria relicta.	la Trinacrie étant quittée.
« Ubi delatus huc	« Dès que porté là
accesseris	tu te seras approché
urbem Cumæam,	de la ville de-Cumes,
lacusque divinos,	et des lacs divins,
et Averna sonantia silvis,	et de l'Averne retentissant par *ses* forêts
adspicies	tu verras
vatem insanam,	une prophétesse en-délire (inspirée),
quæ, sub ima rupe,	qui, au pied d'un rocher,
canit fata,	chante (prédit) les destins,
ↄ mandat foliis	et confie à des feuilles
notas et nomina.	les lettres et les noms.
Quæcumque carmina virgo	Tous les vers que la vierge
descripsit in foliis,	a écrits sur des feuilles,
digerit in numerum,	elle *les* range en nombre (en ordre),
atque relinquit	et *les* laisse
seclusa antro.	placés-à-l'écart dans *son* antre.
Illa manent locis immota,	Ces *vers* restent à *leurs* places immobiles,
neque cedunt ab ordine.	et ne sortent pas de *leur* rang.
Verum	Mais
quum ventus tenuis,	lorsqu'un vent léger,
cardine verso,	le gond étant tourné,
impulit eadem,	a poussé ces-mêmes *vers*,
et janua turbavit	et que la porte a mis-en-désordre
frondes teneras,	*ces* feuilles délicates,
nunquam deinde curat	jamais ensuite elle ne prend-souci
prendere	de saisir
volitantia saxo cavo,	*eux* voltigeant dans le rocher creux,
nec revocare situs,	ni de rappeler (rétablir) *leurs* places,
aut jungere carmina.	ou de réunir les vers.
Abeunt	*Ceux qui sont venus* s'en vont
inconsulti,	n'ayant-pas-reçu-de-réponse,
odereque	et ils haïssent (maudissent)
sedem Sibyllæ.	la demeure de la Sibylle.
Hic,	Là,
quamvis socii increpitent,	quoique *tes* compagnons *te* gourmandent,
et cursus	et que la course
vocet vi vela	appelle avec force les voiles
in altum,	vers la haute *mer*,
possisque implere	et que tu puisses remplir (gonfler)

Quin adeas vatem, precibusque oracula poscas ;
Ipsa canat, vocemque volens atque ora resolvat.
Illa tibi Italiæ populos, venturaque bella,
Et quo quemque modo fugiasque ferasque laborem
Expediet, cursusque dabit venerata secundos.   460
Hæc sunt quæ nostra liceat te voce moneri.
Vade age, et ingentem factis fer ad æthera Trojam. »
    Quæ postquam vates sic ore effatus amico est,
Dona dehinc auro gravia sectoque elephanto
Imperat ad naves ferri, stipatque carinis   -465
Ingens argentum, Dodonæosque lebetas,
Loricam consertam hamis auroque trilicem,
Et conum insignis galeæ, cristasque comantes,
Arma Neoptolemi. Sunt et sua dona parenti.
Addit equos, additque duces ;   470
Remigium supplet; socios simul instruit armis.
    Interea classem velis aptare jubebat
Anchises, fieret vento mora ne qua ferenti.

la prophétesse, sollicite avec instance ses oracles ; qu'elle-même te
parle et délie pour toi sa bouche et sa voix. Elle te dira les peuples
divers de l'Italie et les guerres à venir, et comment tu pourras évi-
ter ou surmonter les obstacles qui t'attendent. Tes respects la tou-
cheront, et elle donnera une heureuse issue à tes longues courses.
Voilà les avis qu'il m'est permis de te donner. Va, cours, et par tes
hauts faits porte jusqu'au ciel la gloire de Troie. »
    Après ces paroles amies, l'interprète des dieux fait porter sur nos
vaisseaux des présents d'or et d'ivoire; il y joint une somme d'ar-
gent considérable, des vases façonnés à Dodone, une cuirasse de
mailles, tissue à triple fil d'or, avec un casque au cimier superbe,
d'où descendaient, en épaisse chevelure, de brillantes aigrettes;
c'étaient les armes de Pyrrhus. Mon père eut part aussi à ses lar-
gesses. A ces dons, Hélénus ajoute encore des coursiers et des guides;
il complète nos rameurs et fournit des armes à mes compagnons.
    Cependant Anchise ordonnait d'appareiller pour profiter du vent

sinus secundos,	*leurs* plis favorables,
ne qua dispendia moræ	que quelques dépenses de retard
fuerint tibi tanti,	ne soient pas à toi d'un si grand *prix*,
quin adeas vatem,	que tu ne visites pas la prophétesse,
poscasque precibus	et que tu ne *lui* demandes pas avec prières
oracula;	des oracles ;
ipsa canat,	qu'elle-même chante (parle),
volensque	et que *le* voulant *bien*
resolvat vocem atque ora.	elle délie *sa* voix et *sa* bouche.
Illa expediet tibi	Elle expliquera à toi
populos Italiæ,	les peuples de l'Italie,
bellaque ventura,	et les guerres à-venir,
et quo modo fugiasque	et de quelle manière et tu pourras éviter
ferasquequemque laborem,	et tu pourras supporter chaque travail,
venerataque	et honorée *par toi*
dabit cursus secundos.	elle *te* donnera une course heureuse.
Hæc sunt quæ liceat	Ce sont *là les choses* dont il est-permis
te moneri nostra voce.	toi être averti par notre voix.
Vade, age,	Marche, va,
et factis fer ad æthèra	et par *tes* actions porte jusqu'au ciel
ingentem Trojam. »	la grande Troie. »
Postquam vates	Après que le prophète
effatus est sic hæc	eut dit ainsi ces *mots*
ore amico,	d'une bouche amie,
dehinc imperat	ensuite il ordonne
dona gravia auro	des présents lourds d'or
elephantoque secto	et d'ivoire coupé (façonné)
ferri ad naves,	être portés à *nos* vaisseaux,
stipatque carinis	et charge sur les carènes (vaisseaux)
argentum ingens,	de l'argent (une somme) considérable,
lebetasque Dodonæos,	et des vases de-Dodone,
loricam consertam hamis	une cuirasse tressée de mailles
trilicemque auro,	et d'un-triple-tissu d'or,
et conum galeæ insignis,	et le cimier d'un casque remarquable,
cristasque comantes,	et les aigrettes chevelues,
arma Neoptolemi.	armes de Néoptolème.
Sua dona sunt et parenti.	Ses (des) présents sont aussi à *mon* père.
Addit equos,	Il ajoute des chevaux,
additque duces;	et il ajoute des conducteurs *de chevaux*;
supplet remigium;	il complète le banc-des-rameurs;
simul instruit armis	en même temps il équipe d'armes
socios.	*mes* compagnons.
Interea Anchises	Cependant Anchise
jubebat	ordonnait
aptare classem velis,	de garnir la flotte de voiles,
ne qua mora fieret	de peur que quelque retard ne fût fait
vento ferenti.	au vent portant (favorable).

Quem Phœbi interpres multo compellat honore :

« Conjugio, Anchise, Veneris dignate superbo,   475

Cura Deum, bis Pergameis erepte ruinis,

Ecce tibi Ausoniæ tellus ; hanc arripe velis.

Et tamen hanc pelago præterlabare necesse est ;

Ausoniæ pars illa procul quam pandit Apollo.

Vade, ait, o felix nati pietate ! quid ultra   480

Provehor, et fando surgentes demoror Austros ? »

Nec minus Andromache, digressu mœsta supremo,

Fert picturatas auri subtemine vestes,

Et Phrygiam Ascanio chlamydem, nec cedit honori ;

Textilibusque onerat donis, ac talia fatur :   485

« Accipe et hæc, manuum tibi quæ monumenta mearum

Sint, puer, et longum Andromachæ testentur amorem,

Conjugis Hectoreæ : cape dona extrema tuorum,

O mihi sola mei super Astyanactis imago !

Sic oculos, sic ille manus, sic ora ferebat ;   490

devenu favorable. Le ministre d'Apollon, touché pour le vieillard d'un pieux respect, l'aborde en ces termes : « Vous que Vénus a trouvé digne de son auguste alliance, illustre Anchise, mortel chéri des dieux, vous que deux fois ils ont sauvé des ruines de Pergame, l'Ausonie est là devant vous, courez-y de toutes vos voiles. Toutefois il vous faudra longtemps côtoyer ces rivages, car elle est encore bien loin la partie de cette terre qu'Apollon vous destine. Partez, heureux père du plus pieux des fils ! Pourquoi prolonger cet entretien, et retarder en parlant les vents qui vous appellent? » Non moins triste qu'Hélénus à ce moment du dernier adieu, Andromaque nous apporte à son tour des habits ornés d'or et de broderies, une chlamyde phrygienne pour Ascagne. Andromaque ne le cède pas à Hélénus en munificence ; elle offre à cet enfant des tissus merveilleux et lui parle en ces termes : « Reçois, cher enfant, reçois aussi ces dons, ouvrages de mes mains. Qu'ils te rappellent mon souvenir, et qu'ils attestent à jamais la tendre amitié qu'eut pour toi Andromaque, la veuve d'Hector. Accepte-les, ces présents, les derniers que tu recevras de ta famille, ô cher enfant, seule image qui me reste de mon Astyanax. Il avait ces yeux, ces mains, cet air ; et maintenant

Quem	Lequel (Anchise)
interpres Phœbi compellat	l'interprète de Phébus interpelle
multo honore :	avec beaucoup de respect :
« Anchise, dignate	« Anchise, jugé-digne
superbo conjugio Veneris,	de la haute alliance de Vénus,
cura deum,	*objet du* soin des dieux,
erepte bis	arraché deux fois
ruinis Pergameis,	aux ruines de-Pergame,
ecce tibi tellus Ausoniæ :	voilà que *s'offre* à toi la terre d'Ausonie :
arripe hanc velis.	saisis-la avec les voiles.
Et tamen est necesse	Et cependant il est nécessaire
præterlabare hanc	que tu passes-au-delà de cette *terre*
pelago ;	sur la mer ;
illa pars Ausoniæ,	cette partie de l'Ausonie,
quam Apollo pandit,	qu'Apollon *te* découvre (t'indique),
procul.	*est* en continuant (plus loin).
Vade, ait,	Va, dit-il,
o felix pietate nati !	ô *toi* heureux par l'amour de *ton* fils !
quid provehor ultra,	pourquoi m'emporté-je plus loin,
et demoror fando	et retardé-je en parlant
austros surgentes ? »	les vents qui s'élèvent ? »
Nec minus,	Non moins *qu'Hélénus*,
mœsta digressu supremo,	triste de *cette* séparation suprême,
Andromache fert	Andromaque apporte
vestes picturatas	des habits brodés
subtemine auri,	avec un tissu d'or,
et chlamydem Phrygiam	et une chlamyde phrygienne
Ascanio,	à Ascagne, [d'Hélénus]
nec cedit	et elle ne cède pas (n'est pas au-dessous
honori ;	à l'honneur (en munificence) ;
oneratque donis textilibus,	et elle *le* charge de présents d'-étoffes,
ac fatur talia :	et *lui* dit de telles *paroles :*
« Accipe et hæc,	« Reçois aussi ces *objets,*
quæ sint tibi monumenta	qui soient pour toi des souvenirs
mearum manuum, puer,	de mes mains, ô enfant,
et testentur	et qui *t'*attestent
longum amorem	le long (l'éternel) amour
Andromachæ,	d'Andromaque,
conjugis Hectoreæ :	l'épouse d'-Hector :
cape extrema dona	prends les derniers présents
tuorum,	des tiens,
o sola imago	ô seule image
mei Astyanactis	de mon Astyanax
super mihi !	*qui soit* de reste à moi !
Sic ille ferebat oculos,	*C'est* ainsi qu'il portait (avait) *ses* yeux,
sic manus,	ainsi *qu'il portait ses* mains,
sic ora ;	ainsi *qu'il portait son* visage ;

Et nunc æquali tecum pubesceret ævo. »
Hos ego digrediens lacrymis affabar obortis .
« Vivite felices, quibus est fortuna peracta
Jam sua : nos alia ex aliis in fata vocamur.
Vobis parta quies; nullum maris æquor arandum,   495
Arva neque Ausoniæ semper cedentia retro
Quærenda. Effigiem Xanthi Trojamque videtis
Quam vestræ fecere manus, melioribus, opto,
Auspiciis, et quæ fuerit minus obvia Graiis !
Si quando Thybrim vicinaque Thybridis arva   500
Intraro, gentique meæ data mœnia cernam,
Cognatas urbes olim, populosque propinquos,
Epiro, Hesperia, quibus idem Dardanus auctor,
Atque idem casus, unam faciemus utramque
Trojam animis : maneat nostros ea cura nepotes. »   505
Provehimur pelago vicina Ceraunia ¹ juxta,
Unde iter Italiam, cursusque brevissimus undis.
Sol ruit interea, et montes umbrantur opaci.

---

il serait comme toi dans la fleur de l'adolescence. » Et moi, en
m'éloignant, je leur disais, les yeux remplis de larmes: « Vivez heureux, vous dont le sort est désormais fixé! Nous, après tant de
vicissitudes, le destin nous entraîne encore à des hasards nouveaux.
Vous avez maintenant le repos; vous n'avez plus de mers à parcourir,
vous n'avez pas à chercher ces champs ausoniens qui fuient toujours
devant nous. Ici vous avez une image du Xanthe, une autre Troie
que vos mains se sont faite. Puisse-t-elle, élevée sous de meilleurs
auspices, n'être pas exposée à la fureur des Grecs ! Si jamais j'entre
dans le Tibre et dans les campagnes qu'il arrose de ses ondes, si je
puis élever ces remparts promis à ma famille, je veux que ces deux
villes, unies par une antique parenté, qu'ont éprouvées les mêmes
malheurs, et qui, l'une en Épire et l'autre en Hespérie, reconnaissent
Dardanus pour père, ne fassent qu'une même ville, une seule Troie,
et que cette amitié fraternelle revive dans nos descendants. »

Nous nous avançons en mer et nous approchons des monts Cérau-
niens, d'où le trajet en Italie est facile et court. Cependant le soleil
achève sa course, et les montagnes se couvrent d'ombres épaisses.

et nunc pubesceret tecum	et maintenant il serait adolescent avec
ævo æquali. »	d'un âge égal. » [toi
Ego digrediens	Moi en m'éloignant
affabar hos	je parlais à eux [couler:
lacrymis obortis :	avec des larmes qui-commençaient à
« Vivite felices,	« Vivez heureux, *mortels*
quibus sua fortuna	à qui leur fortune (dont la fortune)
peracta est jam :	a été déjà parcourue-jusqu'au-bout :
nos, vocamur	nous, nous sommes appelés
ex aliis in alia fata.	d'autres *destins* à d'autres destins.
Quies parta vobis ;	Le repos *est* acquis à vous ;
nullum æquor maris	aucune plaine de la mer
arandum ,	n'*est* à-sillonner *à vous* ,
neque arva Ausoniæ,	et les champs de l'Ausonie,
cedentia semper retro,	qui-se-retirent toujours en arrière,
quærenda.	ne *sont* pas à-chercher *à vous.*
Videtis effigiem Xanthi,	Vous voyez une image du Xanthe,
Trojamque,	et une Troie,
quam vestræ manus fecere,	que vos mains ont faite,
melioribus auspiciis,	sous de meilleurs auspices,
opto,	je *le* souhaite,
et quæ fuerit	et qui sera (et puisse-t-elle être)
minus obvia Graiis !	moins exposée aux Grecs !
Si quando	Si quelque jour
intraro Thybrim,	j'entre dans le Tibre,
arvaque vicina Thybridis,	et dans les campagnes voisines du Tibre,
cernamque mœnia	et si je vois les remparts
data meæ genti ,	donnés à ma race,
faciemus	nous ferons
urbes cognatas olim,	des villes parentes autrefois,
populosque propinquos,	et des peuples proches *par le sang*,
Epiro, Hesperia,	en Épire, dans l'Hespérie,
quibus idem auctor	auxquels *est* le même auteur
Dardanus,	Dardanus,
atque idem casus,	et le même malheur,
utramque Trojam	*nous ferons* l'une et l'autre Troie
unam animis :	une par les cœurs :
ea cura maneat	que ce soin attende (soit réservé à)
nostros nepotes ! »	nos descendants ! »
Provehimur pelago	Nous sommes portés-en-avant sur la mer
juxta Ceraunia	auprès des *campagnes* des-Cérauniens
vicina,	voisines,
unde iter Italiam	d'où la route vers l'Italie
cursusque	et la course
brevissimus undis.	*est* très-courte sur les eaux.
Interea sol ruit,	Cependant le soleil se précipite,
et montes opaci	et les monts épais

3.

Sternimur optatæ gremio telluris ad undam,
Sortiti remos, passimque in littore sicco   510
Corpora curamus; fessos sopor irrigat artus.
Necdum orbem medium Nox Horis acta subibat :
Haud segnis strato surgit Palinurus, et omnes
Explorat ventos, atque auribus aera captat;
Sidera cuncta notat tacito labentia cœlo,   515
Arcturum, pluviasque Hyadas, geminosque Triones,
Armatumque auro circumspicit Oriona.
Postquam cuncta videt cœlo constare sereno,
Dat clarum e puppi signum : nos castra movemus,
Tentamusque viam, et velorum pandimus alas.   520

Jamque rubescebat stellis Aurora fugatis,
Quum procul obscuros colles, humilemque videmus
Italiam. Italiam primus conclamat Achates;
Italiam læto socii clamore salutant.
Tum pater Anchises magnum cratera corona   525
Induit, implevitque mero, Divosque vocavit,
Stans celsa in puppi :
« Di, maris et terræ tempestatumque potentes,

Après avoir tiré au sort les différentes tâches pour le service de la
flotte, nous nous étendons çà et là, au bord de l'onde, sur cette terre
tant souhaitée. Nous réparons nos forces épuisées, et le sommeil
nous verse un doux repos. La nuit, conduite par les heures, n'était
pas encore au milieu de sa carrière, quand le vigilant Palinure se
lève, interroge les vents, et prête une oreille attentive au souffle des
airs. Il suit des yeux la marche lente et silencieuse des étoiles; il
voit l'Arcture, les Hyades pluvieuses, les deux Ourses et la brillante
armure d'Orion. Après s'être assuré que le ciel promet une sérénité
durable, il donne, du haut de la poupe, le signal retentissant du dé-
part. Nous levons le camp, et, déployant toutes nos voiles, nous
poursuivons notre course.

Déjà, rougissant à l'horizon, l'Aurore effaçait les étoiles, quand
nous commençons à découvrir au loin, enveloppée encore dans l'ombre des collines, une terre à fleur d'eau. « Italie! » s'écrie Achate le
premier; « Italie! » répètent nos compagnons en la saluant de leurs
cris d'allégresse. Aussitôt Anchise couronne de fleurs une grande
coupe remplie d'un vin pur, et, debout sur la poupe, il invoque les
dieux : « Dieux de la terre et des mers, souverains maîtres des tem-

umbrantur.	se couvrent-d'ombres.
Sternimur ad undam	Nous nous étendons près de l'onde
gremio telluris optatæ,	sur le sein de la terre souhaitée,
sortiti remos,	ayant tiré-au-sort les rames,
passimque in littore sicco	et çà et là sur le rivage sec
curamus corpora ;	nous prenons-soin de *nos* corps ;
sopor irrigat artus fessos.	le sommeil arrose *nos* membres fatigués.
Necdum Nox	Et pas encore la Nuit
acta Horis	conduite par les Heures
subibat medium orbem :	n'approchait du milieu de son cercle :
Palinurus haud segnis	Palinure non indolent
surgit strato,	se lève de *son* lit,
et explorat omnes ventos,	et explore tous les vents,
atque captat aera auribus;	et cherche-à-saisir l'air avec *ses* oreilles ;
notat cuncta sidera	il remarque tous les astres
labentia cœlo tacito,	glissant dans un ciel sans-bruit,
circumspicit	il observe-tout-autour
Arcturum,	l'Arcture,
Hyadasque pluvias,	et les Hyades pluvieuses,
geminosque Triones,	et les deux Trions,
Orionaque armatum auro.	et Orion armé d'or.
Postquam videt	Après (dès) qu'il voit
cuncta constare	tout être-dans-l'état-ordinaire
cœlo sereno,	dans le ciel serein,
dat e puppi signum clarum:	il donne de la poupe un signal éclatant :
nos, movemus castra,	nous, nous remuons (levons) le camp,
tentamusque viam,	et nous tentons la route,
et pandimus alas velorum.	et nous déployons les ailes des voiles.
Jamque Aurora	Et déjà l'Aurore
rubescebat,	rougissait,
stellis fugatis,	les étoiles étant mises-en-fuite,
quum procul videmus	lorsqu'au loin nous voyons
colles obscuros,	des collines obscures (peu distinctes),
Italiamque humilem.	et l'Italie basse.
Achates primus	Achate le premier
conclamat Italiam ;	orie Italie ;
socii salutant Italiam	*mes* compagnons saluent l'Italie
clamore læto.	de cris joyeux.
Tum pater Anchises	Alors *mon* père Anchise
induit corona	revêtit d'une couronne
magnum cratera,	un grand cratère,
implevitque mero,	et *le* remplit de vin-pur,
vocavitque Divos,	et invoqua les Dieux,
stans in puppi celsa :	se tenant sur la poupe élevée :
« Di, potentes	« Dieux, qui-êtes-maîtres
maris et terræ	de la mer et de la terre
tempestatumque,	et des tempêtes,

Ferte viam vento facilem, et spirate secundi! »
Crebrescunt optatæ auræ, portusque patescit   530
Jam propior, templumque apparet in arce Minervæ.
Vela legunt socii, et proras ad littora torquent.
Portus ab Euroo fluctu curvatus in arcum ;
Objectæ salsa spumant adspergine cautes ;
Ipse latet; gemino demittunt brachia muro   535
Turriti scopuli, refugitque ab littore templum.

Quatuor hic, primum omen, equos in gramine vidi
Tondentes campum late, candore nivali.
Et pater Anchises : « Bellum, o terra hospita, portas :
Bello armantur equi; bellum hæc armenta minantur.   540
Sed tamen idem olim curru succedere sueti
Quadrupedes, et frena jugo concordiá ferre ;
Spes et pacis, » ait. Tum numina sancta precamur
Palladis armisonæ, quæ prima accepit ovantes,
Et capita ante aras Phrygio velamur amictu,   545

pêtes, donnez-nous une route facile et des vents favorables! » Les
vents souhaités s'élèvent, le port s'élargit, se rapproche, et le temple
de Minerve se montre sur la hauteur. On plie les voiles, on tourne
les proues vers le rivage. Le port, du côté de l'Orient, se courbe en
arc ; deux rochers, pareils à deux tours, et où les vagues se brisent
en écumant, l'embrassent de leurs flancs recourbés comme d'un
double rempart, et le temple semble de plus en plus s'éloigner du
rivage.

Là, pour premier présage, je vis quatre chevaux blancs comme la
neige, qui paissaient au loin dans la plaine : « O terre hospitalière,
s'écrie Anchise, c'est donc la guerre que tu nous annonces. On arme
les chevaux pour la guerre, et c'est la guerre que ceux-ci nous pré-
sagent. Cependant on attelle aussi les chevaux à des chars, on les
accoutume à porter ensemble le joug et le frein : j'espère encore la
paix. » Alors nous invoquons la déesse aux armes retentissantes,
Pallas, qui la première nous reçut triomphants. Prosternés aux
pieds des autels, la tête couverte d'un voile phrygien, et fidèles

ferte viam facilem vento,	apportez (accordez)-*nous* une route facile par le vent,
et spirate secundi ! »	et soufflez favorables ! »
Auræ optatæ crebrescunt,	Les brises souhaitées deviennent-plus-fréquentes (plus fortes),
portusque jam propior patescit,	et le port déjà plus proche s'ouvre (paraît plus large),
templumque Minervæ apparet in arce.	et un temple de Minerve apparaît sur une hauteur.
Socii legunt vela,	*Mes* compagnons rassemblent (plient) les voiles,
et torquent proras ad littora.	et tournent les proues vers le rivage.
Portus curvatus in arcum a fluctu Euroo ;	Le port est courbé en arc du-côté du flot de-l'Eurus ;
cautes objectæ spumant aspergine salsa ;	des rochers placés-en-face écument d'une aspersion salée ;
ipse latet ;	*le port* lui-même est-caché ;
scopuli turriti demittunt brachia	des roches en-forme-de-tour étendent-et-abaissent *leurs* bras
gemino muro,	par (comme) un double mur,
templumque refugit ab littore.	et le temple fuit (semble fuir) du rivage.
Vidi hic, primum omen,	Je vis là, premier présage,
quatuor equos in gramine tondentes campum late,	quatre chevaux sur le gazon broutant la prairie au large,
candore nivali.	d'une blancheur de-neige.
Et pater Anchises :	Et *mon* père Anchise :
« Portas bellum,	« Tu portes la guerre,
o terra hospita ;	O terre hospitalière ;
equi armantur bello ;	les chevaux sont armés pour la guerre ;
hæc armenta minantur bellum.	cette troupe *de chevaux* *nous* menace de la guerre.
Sed tamen olim idem quadrupedes	Mais cependant quelquefois les mêmes quadrupèdes
sueti succedere curru,	*sont* accoutumés à se placer-sous le char,
et ferre jugo frena concordia ;	et à porter sous le joug des freins unis ;
spes et pacis, » ait.	*il y a* espérance aussi de la paix, » dit-il.
Tum precamur numina sancta	Alors nous prions la divinité sainte
Palladis armisonæ,	de Pallas aux-armes-retentissantes,
quæ prima accepit ovantes,	qui la première a reçu *nous* transportés-de-joie,
et ante aras	et devant les autels
velamur capita	nous nous voilons quant à *nos* têtes
amictu Phrygio,	d'un vêtement phrygien,

Præceptisque Heleni, dederat quæ maxima, rite
Junoni Argivæ jussos adolemus honores.

Haud mora, continuo perfectis ordine votis,
Cornua velatarum obvertimus antennarum,
Grajugenumque domos suspectaque linquimus arva.   550
Hinc sinus Herculei, si vera est fama, Tarenti
Cernitur : attollit se diva Lacinia contra,
Caulonisque arces, et navifragum Scylaceum [1].
Tum procul e fluctu Trinacria cernitur Ætna,
Et gemitum ingentem pelagi, pulsataque saxa   555
Audimus longe, fractasque ad littora voces;
Exsultantque vada, atque æstu miscentur arenæ.
Et pater Anchises : « Nimirum hæc illa Charybdis;
Hos Helenus scopulos, hæc saxa horrenda canebat.
Eripite, o socii, pariterque insurgite remis. »   560
Haud minus ac jussi faciunt primusque rudentem
Contorsit lævas proram Palinurus ad undas;

observateurs des graves conseils d'Hélénus, nous offrons à Junon,
protectrice d'Argos, les sacrifices ordonnés.

Ces devoirs religieux accomplis, nous nous hâtons de quitter ces
plages occupées par les fils de la Grèce, et nous tournons vers la mer
nos voiles aux longues antennes. Nous découvrons bientôt dans le
golfe de Tarente la ville qui fut, dit-on, bâtie par Hercule. Vis-à-
vis s'élève le temple de Junon Lacinienne, et les hauts remparts de
Caulon, et Scylacée féconde en naufrages. Nous voyons au loin sortir
des flots les cimes de l'Etna. Nous entendons un horrible bruit de
vagues mugissantes, de rochers battus par les ondes, et de voix con-
fuses dont retentissent les échos du rivage. La mer en fureur bouil-
lonne, et mêle à ses flots le sable de ses abîmes. « Ah! voilà sans
doute, s'écrie Anchise, voilà cette Charybde, ces redoutables écueils,
ces rochers affreux que nous prédisait Hélénus. Arrachons-nous
d'ici, chers compagnons, et tous ensemble courbez-vous sur vos
rames. » Ce qu'il ordonne, on le fait : Palinure le premier tourne
vers la gauche la proue gémissante, et tous, à son exemple, gouver-

præceptisque Heleni,	et d'après les recommandations d'Hélé-
quæ dederat	qu'il *nous* avait données [nus,
maxima,	*comme* les plus grandes (importantes),
adolemus rite	nous brûlons (offrons) pieusement
Junoni Argivæ	à Junon l'Argienne
honores jussos.	les honneurs ordonnés.
Haud mora,	Pas de retard,
continuo votis perfectis	aussitôt *nos* vœux accomplis
ordine,	selon le rite,
obvertimus	nous tournons-vers *la mer*
cornua antennarum	les cornes de *nos* antennes
velatarum,	chargées-de-voiles,
linquimusque	et nous abandonnons
domos Grajugenum,	les demeures des fils-des-Grecs,
arvaque suspecta.	et *ces* campagnes suspectes.
Hinc cernitur	De là est aperçu
sinus Tarenti Herculei,	le golfe de Tarente *ville* d'-Hercule,
si fama est vera :	si la renommée est vraie :
diva Lacinia	*le temple de* la déesse Lacinienne
se attollit contra,	s'élève du côté opposé,
arcesque Caulonis,	et les hauteurs de Caulon,
et Scylaceum navifragum.	et Scylacée qui-brise-les-vaisseaux.
Tum cernitur	Alors est vu
procul e fluctu	loin des flots (éloigné de la mer)
Ætna Trinacria,	l'Etna Trinacrien,
et audimus longe	et nous entendons au loin
ingentem gemitum pelagi,	le grand gémissement de la mer,
saxaque pulsata,	et les rochers frappés (battus),
vocesque fractas	et les voix (les bruits) qui-se-brisent
ad littora ;	contre les rivages ;
vadaque exsultant,	et les bas-fonds bouillonnent,
atque arenæ	et les sables
miscentur æstu.	sont troublés par l'agitation.
Et pater Anchises :	Et *mon* père Anchise :
« Nimirum	« Sans doute
hæc illa Charybdis ;	c'*est là* cette Charybde ;
hos scopulos,	*ce sont* ces écueils,
hæc saxa horrenda	ces rochers effroyables
canebat Helenus.	*que* chantait (dont parlait) Hélénus.
Eripite, o socii,	Arrachez-*nous d'ici*, ô compagnons,
pariterque	et pareillement (également, de concert)
insurgite remis. »	levez-vous (appuyez) sur les rames. »
Haud faciunt minus	Ils ne font pas moins
ac jussi,	qu'*ils sont* ordonnés (ont reçu l'ordre),
Palinurusque primus	et Palinure le premier
contorsit ad undas lævas	tourna vers les ondes à-gauche
proram rudentem ;	la proue gémissante ;

Lævam cuncta cohors remis ventisque petivit.
Tollimur in cœlum curvato gurgite, et idem
Subducta ad Manes imos desidimus unda.   565
Ter scopuli clamorem inter cava saxa dedere ;
Ter spumam elisam et rorantia vidimus astra.

Interea fessos ventus cum sole reliquit,
Ignarique viæ, Cyclopum allabimur oris [1].
Portus ab accessu ventorum immotus, et ingens   570
Ipse ; sed horrificis juxta tonat Ætna ruinis,
Interdumque atram prorumpit ad æthera nubem
Turbine fumantem piceo et candente favilla,
Attollitque globos flammarum, et sidera lambit :
Interdum scopulos avulsaque viscera montis   575
Erigit eructans, liquefactaque saxa sub auras
Cum gemitu glomerat, fundoque exæstuat imo.
Fama est Enceladi semiustum fulmine corpus
Urgeri mole hac, ingentemque insuper Ætnam

nent à gauche, à force de rames et de voiles. Tantôt les vagues se
courbant en montagne nous élèvent jusqu'aux cieux, tantôt le flot
s'affaissant nous précipite au séjour des mânes. Trois fois le monstre
de l'écueil poussa, du fond de ses roches creuses, une effroyable
clameur ; trois fois l'onde jaillissante jeta au front des astres son
humide poussière.

Au coucher du soleil, le vent tomba ; épuisés de fatigues, et ne sachant
quelle route tenir, nous fûmes portés sur la côte des Cyclopes. Là,
s'ouvre un port spacieux et à l'abri des vents ; mais près de là l'Etna
tonne, entouré d'épouvantables ruines. Tantôt il pousse dans les airs
une noire vapeur, d'épais tourbillons de cendres et de fumée, et des
gerbes de feu qui montent jusqu'aux astres ; tantôt, furieux et dé-
chirant ses entrailles, il vomit d'énormes rochers, lance au ciel, avec
d'affreux rugissements, des amas de pierres calcinées, et s'élève en
bouillonnant de ses plus profonds abîmes. On dit que sur le corps
d'Encélade à demi brûlé par la foudre, pèse la masse énorme de la
montagne ; que l'immense Etna le presse de tout son poids ; que de

cuncta cohors	toute la troupe
petivit lævam	gagna la gauche
remis ventisque.	à l'aide des rames et des vents.
Tollimur in cœlum	Nous sommes élevés jusqu'au ciel
gurgite curvato,	sur le gouffre qui-se-voûte,
et idem,	et les mêmes (et de même),
unda subducta,	l'onde s'étant retirée,
desidimus	nous tombons
ad imos Manes.	jusqu'au fond *du séjour* des Mânes.
Ter scopuli	Trois fois les écueils
dedere clamorem	rendirent un cri
inter saxa cava;	entre les rochers creux ;
ter vidimus	trois fois nous vîmes
spumam elisam	l'écume jaillissante
et astra rorantia.	et les astres couverts-d'humidité.
Interea ventus	Cependant le vent
reliquit cum sole fessos,	quitta avec le soleil *nous* fatigués,
ignarique viæ,	et ignorant la route,
allabimur oris Cyclopum.	nous abordons aux bords des Cyclopes,
Portus immotus	Le port *demeure* non-agité
ab accessu ventorum,	par l'accès des vents,
et ingens ipse;	et *il est* vaste lui-même ;
sed juxta Ætna tonat	mais près *de là* l'Etna tonne
ruinis horrificis,	avec des ruines épouvantables,
interdumque	et par intervalles
prorumpit ad æthera	il lance vers l'air
atram nubem,	un noir nuage,
fumantem	fumant
turbine piceo	d'un tourbillon noir-comme-la-poix
et favilla candente;	et de cendres incandescentes ;
attollitque	et il élève
globos flammarum,	des globes de flammes,
et lambit sidera;	et lèche (atteint) les astres ;
interdum eructans	de temps en temps vomissant
erigit scopulos,	il élève (lance) des quartiers-de-roc,
visceraque montis avulsa,	et les entrailles de la montagne arrachées,
glomeratque sub auras	et jette-en-tourbillon sous (dans) les airs
cum gemitu	avec gémissement
saxa liquefacta,	des rochers liquéfiés,
exæstuatque	et s'élève-en-bouillonnant
fundo imo.	de *son* fond le plus bas.
Fama est,	La renommée est,
corpus Enceladi	le corps d'Encélade
semiustum fulmine	à-demi-brûlé par la foudre
urgeri hac mole	être pressé (chargé) de cette masse
ingentemque Ætnam	et l'immense Etna
impositam insuper	posé par-dessus *lui*

Impositam ruptis flammam exspirare caminis;   580
Et, fessum quoties mutat latus, intremere omnem
Murmure Trinacriam, et cœlum subtexere fumo.
Noctem illam tecti silvis immania monstra
Perferimus, nec, quæ sonitum det causa, videmus.
Nam neque erant astrorum ignes, nec lucidus æthra   585
Siderea polus; obscuro sed nubila cœlo,
Et lunam in nimbo nox intempesta tenebat.
    Postera jamque dies primo surgebat Eoo,
Humentemque Aurora polo dimoverat umbram,
Quum subito e silvis, macie confecta suprema,   590
Ignoti nova forma viri miserandaque cultu
Procedit, supplexque manus ad littora tendit.
Respicimus. Dira illuvies, immissaque barba,
Consertum tegmen spinis; at cetera Graius,
Et quondam patriis ad Trojam missus in armis.   595
Isque ubi Dardanios habitus et Troia vidit
Arma procul, paulum adspectu conterritus hæsit,
Continuitque gradum; mox sese ad littora præceps

ses béantes fournaises s'exhale l'haleine enflammée de l'audacieux
Titan, et que chaque fois qu'il tourne sur son lit de feu ses flancs
fatigués, la Sicile tremble avec de sourds murmures, et que le ciel
se voile de noires fumées. Toute la nuit, cachés dans les forêts, nous
sommes dans l'étonnement de ces prodigieux phénomènes, sans pénétrer la cause de si étranges bruits : pas un astre ne luisait dans le
ciel ; la plaine étoilée ne montrait aucun de ses feux ; mais de sombres nuages voilaient l'horizon, et une nuit d'orage cachait la lune
sous d'épaisses ténèbres.

    Le lendemain, l'Aurore commençait à paraître à l'Orient, et chas-
sait de l'horizon l'ombre humide de la nuit, quand tout à coup sort
du fond des bois un inconnu, un spectre à face humaine, pâle, le
corps décharné, l'air pitoyable. Il s'avance vers le rivage, et nous
tend des mains suppliantes. Nous regardons : il est hideux ; une
barbe longue et négligée descend sur sa poitrine, et ses vêtements en
lambeaux sont rattachés avec des épines ; le reste annonce un Grec.
Jadis sa patrie l'envoya combattre sous les remparts de Troie. Dès
qu'il a reconnu des Troyens à nos habits et à nos armes, saisi de
crainte, il hésite, arrête ses pas tremblants ; mais bientôt, se pré-

exspirare flammam	exhaler la flamme
caminis ruptis ;	de *ses* fournaises rompues (ouvertes) ;
et, quoties mutat	et, chaque fois qu'il change
latus fessum,	*son* flanc fatigué,
omnem Trinacriam	toute la Trinacrie
intremere murmure,	trembler avec un bruit-sourd,
et subtexere cœlum fumo.	et voiler le ciel de fumée.
Noctem illam,	Pendant cette nuit-là,
tecti silvis,	couverts par les forêts,
perferimus	nous supportons
monstra immania;	*ces* prodiges terribles ;
nec videmus	et nous ne voyons pas
quæ causa det sonitum.	quelle cause donne (produit) *ce* bruit.
Nam neque ignes astrorum	Car ni les feux des astres
erant,	*n*'étaient (ne se montraient),
nec polus lucidus	ni le pôle (ciel) *n'était* brillant
æthra siderea ;	par l'éclat des-étoiles ;
sed nubila cœlo obscuro,	mais des nuages *étaient* au ciel obscur,
et nox intempesta	et la nuit orageuse
tenebat lunam in nimbo.	retenait la lune dans un nuage.
Jamque	Et déjà
dies postera surgebat	le jour suivant se levait
primo Eoo,	avec la première *étoile* de-l'Orient,
Auroraque dimoverat polo	et l'Aurore avait écarté du pôle (du ciel)
umbram humentem,	l'ombre humide,
quum subito	lorsque tout à coup
procedit e silvis	s'avance de la forêt
forma nova viri ignoti,	une forme nouvelle d'un homme inconnu,
confecta macie suprema,	accablée d'une maigreur extrême,
miserandaque cultu,	et pitoyable par *sa* tenue,
supplexque	et suppliant
tendit manus ad littora.	il tend les mains vers le rivage.
Respicimus.	Nous nous-retournons-pour-regarder.
Illuvies dira,	Une malpropreté affreuse,
barbaque immissa,	et une barbe longue,
tegmen consertum spinis :	un vêtement attaché avec des épines :
at Graius cetera,	mais Grec quant au reste,
et missus quondam	et envoyé autrefois
ad Trojam	à Troie [patrie.
in armis patriis.	dans (avec) les armes (les troupes) de-sa-
Isque, ubi vidit procul	Et lui, dès qu'il vit de loin
habitus Dardanios	les vêtements dardaniens
et arma Troia,	et les armes troyennes,
hæsit paulum	il s'arrêta un peu
conterritus adspectu,	effrayé à *notre* aspect,
continuitque gradum ;	et contint (retint) *sa* marche ;
mox præceps	bientôt se précipitant

Cum fletu precibusque tulit : « Per sidera testor,
Per Superos, atque hoc cœli spirabile lumen,   600
Tollite me, Teucri! quascumque abducite terras!
Hoc sat erit. Scio me Danais e classibus unum,
Et bello Iliacos fateor petiisse Penates :
Pro quo, si sceleris tanta est injuria nostri,
Spargite me in fluctus, vastoque immergite ponto.   605
Si pereo, hominum manibus periisse juvabit. »
    Dixerat, et genua amplexus, genibusque volutans
Hærebat. Qui sit, fari, quo sanguine cretus,
Hortamur; quæ deinde agitet fortuna, fateri.
Ipse pater dextram Anchises, haud multa moratus,   610
Dat juveni, atque animum præsenti pignore firmat.
Ille hæc, deposita tandem formidine, fatur :
    « Sum patria ex Ithaca, comes infelicis Ulyssei,
Nomen Achemenides, Trojam, genitore Adamasto
Paupere (mansissetque utinam fortuna!), profectus.   615

cipitant vers le rivage, il nous aborde, le visage inondé de larmes, et nous adresse ces prières : « Au nom des dieux tout-puissants, s'écrie-t-il, par les astres, par la lumière qui nous éclaire, par l'air que nous respirons, je vous en conjure, ô Troyens! arrachez-moi de ces lieux; emmenez-moi partout où vous voudrez. Que je sorte d'ici, c'est assez. Je suis, je l'avoue, l'un de ceux qui sont venus sur les flottes grecques porter la guerre contre les pénates d'Ilion. Si ce crime vous semble indigne de pardon, précipitez-moi dans les profonds abîmes de la mer; mourant de la main des hommes, je mourrai content. »

Il parlait ainsi, et, prosterné à nos pieds, il embrassait nos genoux. Nous l'exhortons à dire son nom, sa naissance, et quel destin l'a réduit à cette extrémité. Mon père lui-même s'empresse de tendre la main au jeune homme, et par cette marque d'intérêt, lui rend le courage et l'espérance. Enfin, revenu de sa frayeur, il prend la parole en ces termes :

« Ithaque est ma patrie; je suis un des compagnons du malheureux Ulysse; mon nom est Achéménide; mon père Adamaste était pauvre; et plût au ciel que je me fusse contenté de son humble fortune! Je partis pour Troie. Jetés au retour sur ces plages cruelles, mes compagnons, en fuyant précipitamment, m'ont oublié

sese tulit ad littora	il se porta vers le rivage
cum fletu precibusque :	avec des pleurs et des prières :
« Testor per sidera,	« Je *vous* supplie par les astres,
per superos	par les *dieux* d'en-haut,
atque hoc lumen spirabile	et par cette lumière respirable
cœli,	du ciel,
tollite me, Teucri !	emportez-moi, Troyens !
abducite	emmenez-*moi*
quascumque terras !	dans quelques terres que ce soit !
Hoc erit sat.	Ce sera assez.
Scio me unum	Je sais moi *être* un *soldat*
e classibus Danais,	des flottes grecques,
et fateor petiisse bello	et j'avoue avoir attaqué par la guerre
Penates Iliacos :	les Pénates d'-Ilion :
pro quo,	pour cela,
si injuria nostri sceleris	si l'injustice de notre (mon) crime
est tanta,	est si grande,
spargite me in fluctus,	jetez-moi dans les flots,
immergiteque vasto ponto.	et plongez-*moi* dans la vaste mer.
Si pereo,	Si je péris,
juvabit periisse	il *me* sera agréable d'avoir péri
manibus hominum. »	par des mains d'hommes. »
Dixerat,	Il avait dit,
et amplexus genua,	et embrassant *nos* genoux,
volutansque genibus,	et se roulant à *nos* genoux,
hærebat.	il *y* restait-attaché.
Hortamur fari qui sit,	Nous *l'*exhortons à dire qui il est,
quo sanguine cretus ;	de quel sang *il est* issu ;
fateri deinde	à avouer ensuite
quæ fortuna agitet.	quelle fortune *l'*agite (le poursuit).
Pater Anchises ipse,	*Mon* père Anchise lui-même,
haud moratus multa,	n'ayant pas tardé beaucoup,
dat dextram juveni,	donne *sa main* droite au jeune homme,
atque firmat animum	et raffermit *son* cœur
pignore præsenti.	par *ce* gage favorable.
Ille fatur hæc,	Lui (l'inconnu) dit ces *mots*,
formidine	*sa* frayeur
deposita tandem :	étant déposée enfin :
« Sum ex Ithaca patria,	Je suis d'Ithaque *ma* patrie,
comes infelicis Ulyssei,	compagnon de l'infortuné Ulysse,
Achemenides nomen,	Achéménide de *mon* nom,
profectus Trojam,	parti pour Troie,
genitore Adamasto	*mon* père Adamastus
paupere,	*étant* pauvre,
— utinamque fortuna	— et plût aux dieux que *cette* fortune
mansisset ! —	*me* fût restée (que je m'en fusse conten-
Socii immemores,	*Mes* compagnons oublieux de *moi*, [té !)—

Hic me, dum trepidi crudelia limina linquunt,
Immemores socii vasto Cyclopis in antro
Deseruere. Domus sanie dapibusque cruentis,
Intus opaca, ingens : ipse arduus, altaque pulsat
Sidera (Di, talem terris avertite pestem!),   620
Nec visu facilis, nec dictu affabilis ulli.
Visceribus miserorum et sanguine vescitur atro.
Vidi egomet duo de numero quum corpora nostro
Prensa manu magna, medio resupinus in antro,
Frangeret ad saxum, sanieque exspersa natarent   625
Limina ; vidi atro quum membra fluentia tabo
Manderet, et tepidi tremerent sub dentibus artus.
Haud impune quidem; nec talia passus Ulysses,
Oblitusve sui est Ithacus discrimine tanto.
Nam simul expletus dapibus vinoque sepultus   630
Cervicem inflexam posuit, jacuitque per antrum
Immensus, saniem eructans ac frusta cruento
Per somnum commixta mero, nos, magna precati
Numina, sortitique vices [1], una undique circum

ici, dans l'affreuse caverne d'un Cyclope, vaste et ténébreuse demeure, toujours souillée de sang et de chairs palpitantes. Lui-même (ô Dieux! délivrez à jamais la terre d'un tel fléau!), lui-même, géant énorme, touche de son front les nues : on n'ose le regarder, et toute voix humaine se tait à son aspect. Il se nourrit des entrailles, il s'abreuve du sang des malheureux. Je l'ai vu moi-même, je l'ai vu, étendu dans son antre, saisir de sa redoutable main deux de nos compagnons, et les brisant contre un rocher, inonder de leur sang le seuil de la caverne ; je l'ai vu dévorer leurs membres tout saignants, leurs chairs pantelantes ; j'ai entendu craquer leurs os sous ses dents cruelles. Toutefois ce ne fut pas impunément : Ulysse ne put souffrir ces atrocités, et sa prudence ne se démentit point dans un si grand danger. Dès que le Cyclope, gorgé de carnage et noyé dans le vin, eut laissé tomber sa tête appesantie, et qu'il eut étendu dans son antre son corps immense, il s'endormit en rejetant le sang et le vin mêlés aux débris de ses abominables repas. Nous alors, invoquant les dieux, et tirant au sort notre rôle dans l'attaque, nous

dum trepidi	tandis que se hâtant
linquunt limina crudelia,	ils quittent un seuil cruel,
deseruere me hic	abandonnèrent moi ici
in antro vasto Cyclopis.	dans l'antre vaste du Cyclope.
Domus sanie	*Sa* demeure *est souillée* de sang
dapibusque cruentis,	et de mets sanglants,
opaca intus, ingens :	obscure à l'intérieur, spacieuse :
ipse arduus,	lui-même *est* de-haute-taille,
pulsatque sidera alta	et il frappe (touche) les astres élevés
(Di, avertite terris	(dieux, détournez des terres (de la terre)
talem pestem !),	un tel fléau !),
nec facilis visu,	ni facile à être vu,
nec affabilis dictu ulli.	ni abordable par la parole pour personne.
Vescitur visceribus	Il se nourrit des entrailles
et sanguine atro	et du sang noir
miserorum.	des malheureux.
Vidi egomet,	Je *l*'ai vu moi-même,
quum resupinus	lorsque couché-sur-le-dos
in medio antro,	au milieu de *son* antre,
frangeret ad saxum	il brisait contre le rocher
duo corpora	deux corps
prensa magna manu	saisis avec *sa* grande main
de nostro numero,	de notre nombre (notre troupe),
liminaque exspersa	et que le seuil arrosé
natarent sanie ;	nageait (était inondé) de sang :
vidi	je *l*'ai vu
quum manderet membra	lorsqu'il dévorait les membres
fluentia tabo,	dégouttants de pus,
et artus tepidi	et que les chairs tièdes
tremerent sub dentibus.	tremblaient sous *ses* dents.
Haud impune quidem ;	*Ce* ne *fut* pas impunément à la vérité ;
nec Ulysses passus talia,	et Ulysse ne souffrit pas de telles *cruautés*,
Ithacusve oblitus est sui	ou (et) l'Ithacien n'oublia pas soi
tanto discrimine.	dans un si-grand danger.
Nam,	Car,
simul expletus dapibus,	dès que rassasié de mets,
sepultusque vino,	et enseveli dans le vin,
posuit cervicem inflexam,	il eut posé *sa* tête penchée,
jacuitque immensus	et qu'il se fut étendu immense
per antrum,	dans l'antre,
eructans per somnum	rendant pendant *son* sommeil
saniem	de la sanie
et frusta commixta	et des morceaux mêlés
mero cruento ;	avec du vin souillé-de-sang ;
nos, precati	nous, ayant prié
magna numina,	les grandes divinités,
sortitique vices,	et ayant tiré-au-sort les rôles,

Fundimur, et telo lumen terebramus acuto   635
Ingens, quod torva solum sub fronte latebat,
Argolici clypei aut Phœbeæ lampadis instar;
Et tandem læti sociorum ulciscimur umbras.
Sed fugite, o miseri, fugite, atque ab littore funem
Rumpite.   640
Nam, qualis quantusque cavo Polyphemus in antro
Lanigeras claudit pecudes atque ubera pressat,
Centum alii curva hæc habitant ad littora vulgo
Infandi Cyclopes, et altis montibus errant.
Tertia jam lunæ se cornua lumine complent,   645
Quum vitam in silvis inter deserta ferarum
Lustra domosque traho, vastosque ab rupe Cyclopas
Prospicio, sonitumque pedum vocemque tremisco.
Victum infelicem, baccas, lapidosaque corna
Dant rami, et vulsis pascunt radicibus herbæ.   650
Omnia collustrans, hanc primum ad littora classem
Conspexi venientem : huic me, quæcumque fuisset,
Addixi. Satis est gentem effugisse nefandam :

l'entourons tous ensemble, et, nous armant d'un pieu aiguisé, nous
en perçons l'œil unique qu'il cachait sous son front menaçant, œil
énorme et pareil au bouclier d'Argos ou au disque flamboyant du
soleil. Enfin, nous avons la joie de venger les mânes de nos amis
égorgés. Mais vous, fuyez, fuyez, ô malheureux! Hâtez-vous de
rompre le câble qui vous attache au rivage; car, tel que je vous ai
représenté l'énorme Polyphême enfermé maintenant dans son antre,
et pressant les mamelles de ses brebis, tels cent autres Cyclopes,
monstrueux géants comme lui, habitent ces côtes sinueuses, errent
sur ces monts escarpés. Déjà trois fois la lune a rempli son croissant
de lumière depuis que je traîne mes jours dans ces forêts, au milieu
des bêtes farouches et dans leurs repaires dévastés, et que du haut
d'un rocher, regardant au loin ces Cyclopes, je tremble au bruit de
leurs pas, au son de leur voix redoutable. Des baies sauvages en-
levées aux arbres, des cornouilles pierreuses, des racines, telle est
ma triste nourriture. En portant de tous côtés mes regards inquiets,
j'ai vu enfin votre flotte approcher du rivage. Quelle qu'elle pût être,
amie, ennemie, sans hésiter je me suis livré à elle; j'échappe ainsi

fundimur una	nous nous répandons ensemble
circum undique,	autour *de lui* de toutes parts,
et terebramus telo acuto	et nous perçons avec un trait pointu
lumen ingens,	*son* œil énorme,
quod latebat solum	qui était caché seul (unique)
sub fronte torva,	sous *son* front farouche,
instar clypei Argolici,	comme un bouclier d'-Argos,
aut lampadis Phœbeæ,	ou *comme* le flambeau de-Phébus,
et tandem læti	et enfin joyeux
ulciscimur	nous vengeons
umbras sociorum.	les ombres de *nos* compagnons.
Sed fugite, o miseri, fugite,	Mais fuyez, ô malheureux, fuyez,
atque rumpite funem	et rompez (détachez) le câble
ab littore.	du rivage.
Nam, talis quantusque	Car, tel et aussi grand que
Polyphemus claudit	Polyphême enferme
in antro cavo	dans *son* antre creux
pecudes lanigeras,	*ses* brebis qui-portent-de-la-laine,
atque pressat ubera,	et presse *leurs* mamelles,
centum alii Cyclopes	*tels* cent autres Cyclopes
infandi	affreux
habitant vulgo	habitent sur tous les points
ad hæc littora curva,	près de ces rivages courbes,
et errant montibus altis.	et errent sur les montagnes élevées.
Jam tertia cornua lunæ	Déjà le troisième croissant de la lune
se complent lumine,	se remplit de lumière,
quum traho vitam in silvis,	depuis que je traîne *ma* vie dans les forêts
inter lustra deserta	parmi les repaires déserts
domosque ferarum,	et les demeures des bêtes-féroces,
prospicioque	et que j'aperçois au-loin
ab rupe	*du haut* d'un rocher
vastos Cyclopas,	les énormes Cyclopes,
tremiscoque	et que je tremble
sonitum pedum, vocemque.	au bruit de *leurs* pieds, et à *leur* voix
Rami	Les branches *des arbres*
dant victum infelicem,	*me* donnent une nourriture misérable,
baccas,	des baies,
cornaque lapidosa,	et des cornouilles pierreuses,
et herbæ pascunt	et les herbes *me* repaissent
radicibus vulsis.	de *leurs* racines arrachées.
Collustrans omnia,	Observant tout,
conspexi primum	j'ai aperçu d'abord (la première)
hanc classem	cette flotte
venientem ad littora :	venant vers le rivage :
addixi me huic,	j'ai résolu-d'attacher moi à elle,
quæcumque fuisset.	quelle qu'elle pût être.
Est satis effugisse	C'est assez d'avoir échappé

Vos animam hanc potius quocumque absumite leto. »

    Vix ea fatus erat, summo quum monte videmus   655
Ipsum inter pecudes vasta se mole moventem
Pastorem Polyphemum, et littora nota petentem :
Monstrum horrendum, informe, ingens, cui lumen ademptum.
Trunca manu pinus regit et vestigia firmat.
Lanigeræ comitantur oves; ea sola voluptas,   -   660
Solamenque mali.
Postquam altos tetigit fluctus, et ad æquora venit,
Luminis effossi fluidum lavit inde cruorem,
Dentibus infrendens gemitu; graditurque per æquor
Jam medium, necdum fluctus latera ardua tinxit.   665
Nos procul inde fugam trepidi celerare, recepto
Supplice, sic merito, tacitique incidere funem;
Verrimus et proni certantibus æquora remis.
Sensit, et ad sonitum vocis ⁱ vestigia torsit.
Verum, ubi nulla datur dextra affectare potestas,   670
Nec potis Ionios fluctus æquare sequendo,

à la race abominable de ces monstres; il me suffit. Prenez donc ma vie, et faites-moi mourir par le supplice qu'il vous plaira. »

Il achevait à peine, que tout à coup s'offre à nos yeux, sur le sommet de la montagne, Polyphême lui-même avec sa taille démesurée, marchant au milieu de son troupeau, et venant au rivage selon sa coutume, monstre horrible, informe, immense, et à qui la lumière a été ravie. Un pin, dépouillé de ses branches, guide sa main et affermit ses pas; ses brebis l'accompagnent; ses brebis, sa seule joie, l'unique charme de ses maux. Dès qu'il est arrivé sur le rivage, et qu'il est entré dans la mer, il lave le creux saignant de son œil éteint; ses dents grincent de douleur et de rage. Il marche à grands pas dans la mer, et les flots mouillent à peines ses flancs élevés. Nous, saisis d'épouvante, nous nous hâtons de fuir, après avoir recueilli le suppliant qui vient de nous sauver. On coupe les câbles en silence, et, penchés sur nos rames, nous fendons à l'envi la plaine liquide. Le Cyclope s'en aperçut; le bruit de notre fuite lui fit tourner ses pas vers nous; mais étendant la main sans rien atteindre, et comprenant qu'il ne peut égaler en vitesse les flots ioniens qui nous en-

gentem nefandam :	à une race abominable :
vos, absumite potius	vous, prenez plutôt
hanc animam	cette vie
quocumque leto. »	par quelque mort que ce soit.»
Vix fatus erat ea,	A peine il avait dit ces *mots*,
quum videmus	lorsque nous voyons
summo monte	sur le sommet de la montagne
pastorem Polyphemum	le pasteur Polyphême
ipsum	lui-même
se moventem inter pecudes	se mouvant au milieu de *ses* brebis
mole vasta,	avec *sa* masse immense,
et petentem littora nota :	et gagnant les rivages *bien* connus *de lui* :
monstrum horrendum,	monstre horrible,
informe, ingens,	informe, énorme,
cui lumen ademptum.	à qui la lumière *a été* enlevée.
Pinus trunca manu	Un pin coupé *qu'il tient* dans *sa* main
regit et firmat vestigia.	dirige et affermit *ses* pas.
Oves lanigeræ	*Ses* brebis qui-portent-la-laine
comitantur ;	l'accompagnent ;
ea sola voluptas,	c'*est là son* seul plaisir,
solamenque mali.	et la consolation de *son* malheur.
Postquam tetigit	Après qu'il eut atteint
fluctus altos,	les flots profonds,
et venit ad æquora,	et qu'il fut arrivé à la mer,
lavit inde	il lava de là (avec l'eau qu'il y puisa)
cruorem fluidum	le sang coulant
luminis effossi,	de *son* œil crevé,
infrendens dentibus	grinçant des dents
gemitu ;	avec gémissement ;
graditurque jam	et il marche déjà
per medium æquor,	par le milieu de la mer,
necdum fluctus tinxit	et le flot n'a pas encore mouillé
latera ardua.	*ses* flancs élevés.
Nos trepidi celerare fugam	Nous, tremblants, de hâter *notre* fuite
procul inde,	loin de là,
supplice recepto,	le suppliant ayant été recueilli,
merito sic,	*le* méritant ainsi (à ce titre),
tacitique incidere funem;	et, silencieux, de couper le câble;
et proni verrimus æquora	et penchés nous balayons les eaux
remis certantibus.	avec des rames qui luttent d'*activité*.
Sensit, et torsit vestigia	Il s'*en* aperçut, et tourna *ses* pas
ad sonitum vocis ;	vers le son du bruit *de nos rames;*
verum ubi nulla potestas	mais dès qu'aucun pouvoir (moyen)
datur	ne *lui* est donné
affectare dextra,	de *nous* saisir de *sa* droite,
nec potis	et qu'*il* n'*est* pas capable
æquare sequendo	d'égaler *en vitesse* en *nous* poursuivant

Clamorem immensum tollit, quo pontus et omnes
Intremuere undæ, penitusque exterrita tellus
Italiæ, curvisque immugiit Ætna cavernis.
At genus e silvis Cyclopum et montibus altis   675
Excitum ruit ad portus, et littora complent.
Cernimus adstantes nequidquam lumine torvo
Ætnæos fratres, cœlo capita alta ferentes,
Concilium horrendum : quales quum vertice celso
Aeriæ quercus aut coniferæ cyparissi   680
Constiterunt, silva alta Jovis lucusve Dianæ.

    Præcipites metus acer agit quocumque rudentes
Excutere, et ventis intendere vela secundis.
Contra jussa monent Heleni Scyllam atque Charybdim
Inter, utramque viam leti discrimine parvo,   685
Ni [1] teneant cursus : certum est dare lintea retro.
Ecce autem Boreas angusta ab sede Pelori
Missus adest : vivo prætervehor ostia saxo
Pantagiæ, Megarosque sinus, Thapsumque jacentem [2].
Talia monstrabat relegens errata retrorsum   690
Littora Achemenides, comes infelicis Ulyssei.

---

traînent, il pousse un cri terrible ; la mer et toutes ses ondes en
furent émues ; l'Italie entière en fut épouvantée, et l'Etna, dans ses
profondes cavernes, y répondit par un long mugissement. A ce cri,
toute la race des Cyclopes sortant des bois, descendant du sommet
des montagnes, se précipite vers le port et couvre le rivage. Nous
les vîmes, ces fiers enfants de l'Etna, nous les vîmes debout sur la
rive, et de leur front touchant la nue, lancer en vain sur nous des
regards pleins de fureur. Effroyable assemblée! Tels se dressent sur
la cime d'un mont les chênes altiers, les cyprès au front pyramidal,
les hautes forêts de Jupiter ou les bois sacrés de Diane.
    Pressés de fuir, aveuglés par la peur, nous tendons au hasard nos
câbles, et déployons nos voiles à tous les souffles favorables ; mais
l'avis d'Hélénus nous revient à l'esprit ; nous ne pouvons nous en-
gager entre Charybde et Scylla, redoutables écueils où la nef
vogue si près de la mort. On prend donc le parti de faire voile en
arrière, quand tout à coup, Borée soufflant du détroit de Pélore, nous
franchissons heureusement les roches vives de Pantagie, et le golfe
de Mégare, et Thapse que l'on voit à fleur d'eau. Achéménide,
notre Grec, nous nommait alors ces rivages qu'il reconnaissait
pour les avoir autrefois parcourus sur les pas du malheureux Ulysse.

fluctus Ionios,	les flots ioniens (de la mer d'Ionie),
tollit clamorem immensum,	il élève une clameur immense,
quo pontus et omnes undæ	par laquelle la mer et toutes les ondes
intremuere,	tremblèrent,
tellusque Italiæ	et *dont* la terre d'Italie
exterrita penitus,	*fut* épouvantée dans-ses-profondeurs,
Ætnaque immugiit	et *dont* l'Etna mugit
cavernis curvis.	dans *ses* cavernes sinueuses.
At genus Cyclopum	Mais la race des Cyclopes
excitum e silvis	appelée des forêts
et montibus altis	et des montagnes élevées
ruit ad portus,	se précipite vers le port,
et complent littora.	et ils remplissent le rivage.
Cernimus fratres Ætnæos	Nous voyons les frères *voisins* de-l'Etna
adstantes nequidquam	se tenant-là en vain (impuissants)
lumine torvo,	avec un œil de travers (farouche),
ferentes cœlo capita alta,	portant jusqu'au ciel *leurs* têtes élevées,
concilium horrendum :	assemblée épouvantable :
quales quum quercus aeriæ	*tels* que lorsque *ces* chênes aériens [cône
aut cyparissi coniferæ	ou *ces* cyprès qui-portent-des-fruits-en-
constiterunt vertice celso,	se tiennent-debout avec *leur* cime haute
silva alta Jovis,	forêt élevée de Jupiter,
lucusve Dianæ.	ou bois-sacré de Diane.
Acer metus agit	Une vive crainte *nous* pousse
præcipites	agissant-avec-précipitation
excutere rudentes	à secouer (dérouler) les cordages
quocumque,	vers un côté quelconque,
et intendere vela	et à étendre (ouvrir) les voiles
ventis secundis.	aux vents favorables.
Contra, jussa Holeni	D'une autre part, les ordres d'Hélénus
monent	avertissent *les Troyens*
ni teneant cursus	qu'ils ne tiennent pas *leur* course
inter Scyllam	entre Scylla
atque Charybdim,	et Charybde,
utramque viam	l'une et l'autre route *étant*
discrimine parvo leti :	d'une séparation petite d'avec la mort :
est certum dare lintea retro.	il est résolu de donner les voiles en arrière.
Ecce autem Boreas adest	Mais voilà que Borée arrive
missus ab sede angusta	envoyé de la demeure étroite
Pelori :	de Pélore :
prætervehor	je suis porté-au-delà
ostia saxo vivo Pantagiæ,	des bouches *bordées* de roc vif de Pantagie
sinusque Megaros,	et du golfe de-Mégare,
Thapsumque jacentem.	et de Thapsos abaissée (peu élevée).
Talia Achemenides,	Tels Achéménide,
comes infelicis Ulyssei,	le compagnon de l'infortuné Ulysse,
monstrabat littora	*nous* indiquait les rivages

Sicanio prætenta sinu jacet insula contra
Plemmyrium ¹ undosum ; nomen dixere priores
Ortygiam. Alphæum fama est huc Elidis amnem
Occultas egisse vias subter mare, qui nunc   695
Ore, Arethusa, tuo Siculis confunditur undis ².
Jussi numina magna loci veneramur, et inde
Exsupero præpingue solum stagnantis Helori ⁵.
Hinc altas cautes projectaque saxa Pachyni
Radimus; et fatis nunquam concessa moveri   700
Apparet Camarina procul, campique Geloi,
Immanisque Gela, fluvii cognomine dicta.
Arduus inde Acragas ostentat maxima longe
Mœnia, magnanimum quondam generator equorum.
Teque datis linquo ventis, palmosa Selinus ;   705
Et vada dura lego saxis Lilybeia cæcis.
Hinc Drepani ⁴ me portus et illætabilis ora
Accipit. Hic, pelagi tot tempestatibus actus,
Heu ! genitorem, omnis curæ casusque levamen,

A l'entrée du golfe de Syracuse, en face de Plemmyre, battu par
les flots, est une île que ses premiers habitants nommèrent Ortygie.
On dit que l'Alphée, après avoir arrosé l'Élide, se fraye secrètément
une route sous les mers, et qu'il vient se rendre jusque dans cette
île, pour mêler ses ondes à tes ondes, ô belle Aréthuse ! et se con-
fondre ainsi avec toi dans la mer de Sicile. Nous adorons, ainsi qu'il
nous est ordonné, les grandes divinités du lieu ; et de là, nous
côtoyons les vallons fertiles qu'engraisse de ses eaux stagnantes le
limoneux Hélore. Nous rasons les pics sourcilleux du cap Pachynum.
Au loin se montrent Camarine, à qui les destins ont défendu de
sortir de son lac ; et les champs qu'arrose le Gélas, et l'immense
Géla, qui reçut le nom de son fleuve. Plus loin, sur des montagnes,
Acragas déploie ses hauts remparts, Acragas, autrefois la terre
nourricière des coursiers généreux. Les vents devenus favorables
m'emportent loin de toi, Sélinunte, où fleurissent les palmiers ;
j'effleure les redoutables écueils que Lilybée cache sous les ondes, et
j'arrive au port de Drépane ; Drépane, bords funestes, terre de
deuil. C'est là qu'après avoir essuyé tant de rudes tempêtes, je
perds mon père, Anchise, hélas ! ma consolation, mon unique

relegens	*les* effleurant-de-nouveau
errata retrorsum.	parcourus en-sens-contraire.
Prætenta sinu Sicanio	S'étendant-au-devant du golfe de-Sicile
insula jacet	une île est située
contra Plemmyrium	vis-à-vis Plemmyrium
undosum ;	baigné-par-les-eaux ;
priores	les premiers *habitants*
dixere Ortygiam nomen.	*l'*ont appelée Ortygie de nom.
Fama est	La renommée est (on raconte)
amnem Alpheum Elidis	le fleuve Alphée de l'Élide
egisse huc subter mare	avoir poussé jusque-là sous la mer
vias occultas ,	des routes cachées ,
qui nunc,	*ce fleuve* qui maintenant,
tuo ore, Arethusa ,	par ton embouchure, ô Aréthuse,
confunditur undis Siculis.	se mêle aux ondes siciliennes.
Jussi	*En* ayant-reçu-l'ordre
veneramur	nous vénérons (adorons)
magna numina loci ;	les grandes divinités du lieu ;
et inde	et de là (ensuite)
exsupero solum præpingue	je franchis le sol très-gras
Helori stagnantis.	de l'Hélore aux-eaux-stagnantes.
Hinc radimus cautes altas	De là nous rasons les roches élevées
saxaque projecta	et les rochers portés-en-avant (saillants)
Pachyni ;	de Pachynum ;
et procul apparet Camarina	et au loin apparaît Camarine
concessa fatis	permise (autorisée) par les destins
moveri nunquam,	à n'être remuée jamais,
campique Geloi,	et les champs de-Géla,
immanisque Gela	et l'immense Géla
dicta cognomine fluvii.	dîte (appelée) du surnom du fleuve.
Inde Acragas arduus	De là l'Acragas élevé
ostentat longe	montre de loin
mœnia maxima ,	*ses* remparts très-hauts,
quondam generator	*l'Acragas* autrefois producteur
equorum magnanimum .	de chevaux généreux.
Linquoque te,	Je laisse aussi toi,
ventis datis,	les vents *nous* étant donnés,
Selinus palmosa ;	Sélinunte couverte-de-palmiers,
et lego vada Lilybeia	et j'effleure les bas-fonds de-Lilybée
dura saxis cæcis.	durs par *leurs* rochers cachés.
Hinc portus Drepani	De là (puis) le port de-Drépanum
et ora illætabilis	et *son* rivage peu-joyeux (funeste)
accipit me.	reçoit moi.
Hic, actus	Là, poussé (agité)
tot tempestatibus pelagi ,	par tant de tempêtes de la mer.
amitto, heu !	je perds, hélas !
genitorem Anchisen ,	*mon* père Anchise,

Amitto Anchisen : hic me, pater optime, fessum   710
Deseris, heu! tantis nequidquam erepte periclis!
Nec vates Helenus, quum multa horrenda moneret,
Hos mihi prædixit luctus, non dira Celæno.
Hic labor extremus, longarum hæc meta viarum :
Hinc me digressum vestris Deus appulit oris. »   715
    Sic pater Æneas, intentis omnibus, unus
Fata renarrabat Divum, cursusque docebat.
Conticuit tandem, factoque hic fine quievit.

soutien dans mes peines! C'est là que tu m'as laissé, accablé d'une perte si douloureuse, ô cher auteur de mes jours! toi que j'ai arraché en vain à tant de périls! Ni Hélénus, parmi tant de funestes présages, ni la cruelle Céléno n'avaient préparé mon âme à un si grand malheur. Drépane vit ainsi le terme de mes travaux, de mes longues courses, et je sortais de ce port, ô reine! quand un dieu m'a fait aborder à vos rivages. »

    C'est ainsi qu'Énée, au milieu d'une foule attentive, seul élevant la voix, racontait ses destins, ses courses vagabondes. Enfin, il s'arrêta et mit fin à son récit.

levamen	soulagement (consolation) *pour moi*
omnis curæ casusque :	de toute peine et *de tout* malheur :
hic deseris me fessum,	ici tu quittes moi fatigué,
optime pater,	*mon* excellent père,
heu ! nequidquam erepte	hélas ! vainement arraché
tantis periclis !	à de si grands périls !
Nec vates Helenus,	ni le devin Hélénus,
quum moneret	alors qu'il *m*'avertissait
multa horrenda,	de beaucoup de *malheurs* affreux,
prædixit mihi hos luctus,	n'avait prédit à moi cette douleur,
non dira Celæno.	non *plus que* la cruelle Céléno.
Hic extremus labor,	*C'est là mon* dernier travail,
hæc meta	*c'est* la borne (le terme)
longarum viarum :	de *mes* longues routes :
Deus appulit vestris oris	un Dieu a poussé à vos bords
me digressum hinc. »	moi parti de là. »
Sic pater Æneas,	Ainsi le père (le héros) Énée,
omnibus intentis,	tous *étant* attentifs,
unus renarrabat	seul racontait
fata Divum,	les destins des Dieux,
docebatque cursus.	et enseignait (redisait) *ses* courses.
Conticuit tandem,	Il se tut enfin,
fineque facto hic, quievit.	et la fin étant faite là, il resta-en-repos.

NOTES.

Page 2 : 1. *Ilium* ou *Ilion*, était dans le voisinage de l'Hellespont, à trois milles de la mer Égée, sur le petit fleuve Scamandre ou Xanthe. Elle avait le mont Ida à l'Orient, et le promontoire Sigée à l'Occident. Cette ville reçut différents noms des rois qui la gouvernèrent. Teucer, qui paraît en avoir été le fondateur, donna aux habitants le nom de *Teucriens*, et au pays celui de *Teucria;* elle fut nommée *Dardania* par Dardanus, *Troja* par Tros, et *Ilium* par Ilus. Enfin Priam, le dernier de ses rois, y fit bâtir, sur une hauteur, une citadelle qu'il nomma *Pergame*.

— 2. *Antandro .... Idæ*. Antandre (*Antandros*), ville de Phrygie au midi de Troie et au fond du golfe d'Adramytte. Elle est connue aujourd'hui sous le nom de *Dimitri;* elle a porté ceux d'*Édonis*, *Cimmeris*, *Asos* et *Apollonie*. — *Idæ*. Voir au livre II, la note 3, page 98.

— 3. *Et campos ubi Troja fuit*. Expression d'une admirable délicatesse, et que l'on a si souvent imitée depuis Virgile.

Page 4 : 1. *Æneadasque meo nomen de nomine fingo.* Cette ville subsiste encore et rappelle par son nom (*Éno*) celui de son fondateur. Elle l'a même communiqué au golfe sur lequel elle se trouve (golfe d'*Énos*). La rivière *Maritza* qui se jette dans ce golfe est l'ancien Hèbre.

— 2. *Dionææ*. Vénus était fille de Jupiter et de Dioné.

— 3. *Densis hastilibus horrida myrtus*. Il faut remarquer le sens tout particulier des adjectifs latins *horridus* et *horrens*, qui presque toujours dans les constructions de ce genre perdent l'idée d'*horrible, effrayant*, qu'on est trop porté à leur attribuer. *Horridus* et *horrens* veulent dire très-souvent : « qui a beaucoup de proéminences, » ou : « qui forme saillie. » *Horrida silva*, sera donc une forêt très-boisée; *horrida rupes*, un rocher qui se détache d'une masse et se dresse dans les airs.

Page 6 : 1. *Obstupui, steteruntque comæ, et vox faucibus hæsit*. Ce vers se trouve déjà dans l'*Énéide*, livre II, 773.

Page 8 : 1. *Dare classibus Austros*. Il faut entendre ces mots comme si la construction était renversée et devenait *dare classes Austris*, « abandonner la flotte aux vents. »

Page 10 : 1. *Lenis crepitans vocat Auster*. Ce rapprochement de deux épithètes sans liaison, pour un seul substantif, n'est pas dans les habitudes de Virgile et a d'ailleurs assez peu de grâce. On avait proposé *lenicrepitans*, qui n'a aucune autorité.

— 2. *Sacra.... tellus*. Il s'agit de l'île de *Délos*, aujourd'hui *petite Sdili*, et nommée *Idilis* sur un grand nombre d'anciennes cartes. C'est une des Cyclades dans la mer Égée. Elle était consacrée à Apollon et à Diane, qui y étaient nés.

Page 12 : 1. *Pergama, reliquias Danaum atque immitis Achillei!* Ce vers se trouve déjà dans l'*Énéide*, liv. I, 30.

P. 14 : 1. *Creta Jovis magni medio jacet insula ponto,*
  Mons Idæus.

La *Crète*, aujourd'hui *Candie*, grande île de la Méditerranée, à l'entrée de la mer Égée ou Archipel. La Crète renfermait autrefois cent villes, entre lesquelles *Gnosse, Cydon, Gortyne*, etc. — Le mont *Ida*, dont parle ici Virgile, se nomme aujourd'hui *Psiloriti* ou *monte Giove* (*mont Jupiter*). C'est là qu'habitaient les Dactyles, lesquels prenaient le noms d'*Idéens*. Il y avait dans la Troade un autre mont *Ida*. Voyez liv. II, page 98, note 3.

P. 16 : 1. *Linquimus Ortygiæ portus....*
  Bacchatamque jugis Naxon, viridemque Donysam,
  Olearon, niveamque Paron, sparsasque per æquor
  Cycladas...

Ortygie est le premier nom de l'île de Délos. Il s'agit ici d'une île située sur la côte orientale de la Sicile, entre les deux ports de Syracuse, en face du cap *Plemmyrium*. C'est sur le bord occidental de l'île qu'était la fontaine Aréthuse. Voir plus bas les vers 692-696.
— *Naxon. Naxos* (aujourd'hui *Naxie*), île de la mer Égée, la plus grande et la plus fertile des Cyclades, à l'orient de Paros et au nord d'Ios. On croit que Bacchus avait été élevé à Naxos. — *Donysam* (aujourd'hui *Donussa*), île de la mer Égée, au midi d'Icaria et à l'occident de Pathmos. — *Olearon, Oléaros*, une des Cyclades, dans le voisinage de Paros. C'est aujourd'hui *Antiparo*. — *Paron. Paros* est aussi une des Cyclades. Cette île est célèbre par ses beaux marbres blancs, qui ont été employés par les plus habiles sculpteurs de la Grèce. On les tirait surtout du mont *Marpesus*. — *Cycladas*, les *Cyclades*. Les anciens ont donné ce nom à un groupe d'îles de l'Archipel disposées en cercle, ainsi que le mot l'indique. Elles sont voisines des côtes de la Grèce et non loin des Sporades, autre groupe

d'îles. Les principales Cyclades étaient *Naxos, Andros, Delos, Paros, Méos* et *Astypalée*. Un si grand nombre d'îles à des distances si rapprochées rendait la navigation fort périlleuse dans la mer Égée. De là l'avis d'Horace :

Interfusa nitentes
Vites æquora Cycladas.

— 2. *Pergameam.* Pline fait mention d'une ville de *Pergame* dans l'île de Crète. Virgile en attribue la fondation à Énée.

Page 20 : 1. *Est locus, Hesperiam,* etc. Ces quatre vers se trouvent déjà dans l'*Énéide,* liv. I, 530-533.

Page 22 : 1. *Deceptum errore locorum.* Construction semblable à celle que nous avons déjà remarquée au livre II, vers 412.

Page 24 : 1. *Strophadum,* les *Strophades,* aujourd'hui *Strivali,* sont deux îles de la mer Ionienne sur la côte occidentale du Péloponèse. Elles sont basses, très-fertiles en fruits, en pâturages, et pleines de sources. C'était, suivant la fable, la demeure des Harpies. Les Strophades se nommaient autrefois *Plotæ.*

Page 32 : 1. *Zacynthos, Dulichiumque, Sameque, et Nerito ardua saxis. — Ithacæ. — Leucatæ. — Zacynthe,* aujourd'hui *Zante,* est une île de la mer Ionienne, entre celle de Cephallenia au nord et les Strophades au midi. Elle ne mérite plus l'épithète de *nemorosa* que lui donne Virgile, d'après Homère, et les hautes montagnes qui abritent ses trois vallées sont nues et dépouillées des forêts qui l'ombrageaient. Cette île est de la plus grande fertilité. Elle abonde en vins, en fruits de toute espèce et surtout en raisins appelés de *Corinthe.* Le commerce de cette sorte de raisin y attire les vaisseaux de toute l'Europe. — *Dulichium* (*Neochori* ou *Cacaba*), une des Échinades, formait avec Ithaque le royaume d'Ulysse.—*Sameque, Samé* ou *Samos.* C'est ainsi que fut appelée d'abord l'île de *Cephallenia.* La principale ville de cette île eut aussi le nom de *Same.* — *Neritos* est une haute montagne de l'île d'Ithaque.—*Ithacæ, Ithaque,* aujourd'hui *Théaki. — Leucatæ. Leucate* ou *Leucade,* aujourd'hui *Sainte-Maure,* île dans la mer Ionienne. Elle a un promontoire dont le pied est hérissé de brisants. Sapho se précipita, dit-on, du haut de ce cap dans la mer.

— 2. *Votis incendimus aras.* Ou bien *votis* est mis ici pour désigner les offrandes, les parfums qu'on brûlait sur l'autel; ou bien le verbe *incendimus* est pris tout à fait dans un sens métaphorique, à peu près comme au livre X, vers 894, nous trouverons *clamore incendunt cælum.*

— 3. *Actiaque Iliacis celebramus littora ludis.* — *Actium*, ville de Grèce dans l'Acarnanie, à l'entrée du golfe d'Ambracie et de l'Arta. Énée y éleva à Vénus un temple qui subsistait encore du temps de Virgile. *Actium* est célèbre par la victoire navale qu'Auguste y remporta sur Antoine, et qui mit fin à la république romaine. La ville d'Actium est aujourd'hui *Azio*.

Page 34 : 1. *Phœacum*, l'île des Phéaciens, *Corcyra* (aujourd'hui *Corfou*), qu'on nommait quelquefois *Phéacie*.

— 2. *Buthroti. Buthrote*, aujourd'hui *Butrinto*, ville et port d'Épire, dans la partie qu'on appelait *Chaonie*.

Page 36 : 1. *Priameia virgo.* C'est *Polyxène*, une des filles de Priam et d'Hécube. Elle était très-belle. Achille la demanda et l'obtint. Il allait l'épouser quand Pâris le tua en trahison. Une voix sortit de son tombeau demandant que Polyxène fût sacrifiée à ses mânes, et après la prise de Troie, Pyrrhus l'immola de sa main sur le tombeau d'Achille.

— 2. *Diversa* prend ici un sens assez rare, mais qui n'est pas sans quelques exemples ; il est mis pour *longinqua*.

Page 38 : 1. *Vescitur aura*: Nous avons déjà trouvé cette image au livre I, vers 546.

— 2. *Quem tibi jam Troja...* De tous les vers que Virgile a laissés imparfaits, celui-ci est le seul dont le sens ne soit pas achevé. Binet à proposé de le compléter par ces trois mots, *peperit nutante Creusa.*

Page 44 : 1. *Infernique lacus, Æœæque insula Circes.* — *Inferni lacus.* Ce sont les lacs de Lucrin et d'Averne. En 1536, un tremblement de terre combla le lac Lucrin ; ce qui en reste aujourd'hui n'est qu'un marais fangeux et rempli de roseaux. C'est par l'Averne qu'Énée descendit aux enfers (*Én.*, liv. VI, 237). — *Æœæque insula Circes.* Ce n'est plus une île aujourd'hui : des atterrissements l'ont jointe au continent. C'est le *monte Circello.*

— 2. *Locri.... Salentinos.... Petilia.* — *Locri.* La ville de *Locres* dans le Brutium fut fondée par une colonie de Locriens venus de Naryce, patrie d'Ajax. — *Salente* fut fondée par Idoménée, au retour du siége de Troie, et enfin Philoctète, roi de Mélibée, fonda à la même époque la petite ville de *Pétilie*, aujourd'hui *Stringali.*

Page 46 : 1. *Pelori. Pelorus* ou *Pelorum* est le cap le plus septentrional des trois qui ont fait appeler la Sicile *Trinacria.* C'est aujourd'hui le *cabo di Faro.*

Page 48 : 1. *Scylla .. Charybdis. Charybde* et *Scylla* sont deux roches dans le *Siculum fretum*, ou détroit de Messine. Les écueils et les gouffres qui environnent ces roches étaient jadis l'épouvante des navigateurs. Des commotions volcaniques, à ce qu'on suppose, ont changé les lieux, et ce passage n'est plus redoutable.

— 2. *Delphinum caudas utero commissa luporum*, au lieu de *habens caudas delphinum commissas*, etc. Ovide emploie le même mot, pour exprimer dans un seul être, cette réunion de corps de nature différente : *Qua vir equo commissus erat.*

— 3. *Pachyni*. Le cap *Pachynum* (aujourd'hui *Passaro*), un des trois promontoires de la Sicile.

Page 50 : 1. *Et Averna sonantia silvis*. Voyez au livre VI, le vers 704.

Page 56 : 1. *Ceraunia* ou *Ceraunii* et *Acroceraunii*, chaîne de montagnes dans l'Épire, près des côtes, nommées aujourd'hui *della Chimera* ou *Khimiaroli*. Ces monts étaient fort élevés, souvent frappés de la foudre, et entourés d'écueils redoutables. *Infames scopulos Acroceraunia*, dit Horace, Od., lib. I, III.

Page 62 : 1. *Sinus Herculei.... Tarenti.... diva Lacinia.... Caulonis arces, et navifragum Scylaceum.* — *Tarente*, sur un golfe du même nom, fut fondée par *Taras*, que l'on dit fils de Neptune. Virgile insinue ici qu'Hercule fut le fondateur de cette ville. — *Diva Lacinia*. C'est Junon qui avait un temple à *Lacinium*, au midi de Crotone, et à l'entrée du golfe de Tarente. — *Caulonis arces*. *Caulon*, *Aulon* ou *Caulonia*, plus tard *CastrumVeterum*, aujourd'hui *Castel - Vetere*, dans le Brutium. — *Navifragum Scylaceum*. *Scylaceum*, aujourd'hui *Squillace*, près d'un petit golfe, dit *golfe Scylacique*.

Page 64 : 1. *Cyclopum.... oris*. Les *Cyclopes* habitaient trois petites îles, dites des Cyclopes, sur la côte orientale de la Sicile, au pied du mont Etna; mais leur demeure n'était pas bornée à ces îles : ils occupaient la côte même de la Sicile, et c'est sur cette côte qu'il faut chercher le port où entra la flotte d'Énée.

Page 70 : 1. *Sortiti vices*, ayant tiré au sort ce que chacun de nous aurait à faire. De même, livre VIII, vers 445 : *Pariterque laborem sortiti.*

Page 74 : 1. *Ad sonitum vocis*. *Vox* ne désigne pas ici le son de la voix des matelots, puisque nous voyons deux vers plus haut, *tacitique incidere funem*. *Vox* est donc synonyme de *strepitus*, ou de *sonitus*, et d'ailleurs nous avons vu déjà au vers 556, en parlant du bruit de la mer, *fractas ad littora voces.*

Page 76 : 1. *Ni*, archaïsme, pour *ne*.

— 2. *Pantagiœ, Megarosque sinus, Thapsumque jacentem.* — *Pantagiœ. Pantagias*, petit fleuve de Sicile appelé aujourd'hui *Porcari*, sur la côte orientale, entre la ville de Léonti et celle de Mégare. — *Megarosque sinus*. On connaît plusieurs villes du nom de *Mégare*. Celle dont il s'agit ici est sur la côte orientale de Sicile. Elle s'appela d'abord *Hybla*, avec le surnom de *Parva*, très-connue par l'excellence de son miel : *Hyblœis apibus florem depasta*, etc. (*Bucol.*, **I**, 55), et aux notes, page 62. — *Tapsus* ou, selon les Grecs, *Thapsus*, est une presqu'île sur la côte orientale de Sicile, entre Mégare et Syracuse. Elle s'appelle aujourd'hui *isola degli Manghisi*.

Page 78 : 1. *Plemmyrium*, promontoire de Sicile, à l'entrée du grand port de Syracuse, aujourd'hui *cabo di Massa d'Olivero*.

— 2. .... *Alphœum fama est huc Elidis amnem*
Occultas egisse vias subter mare, qui nunc
Ore, Arethusa, tuo Siculis confunditur undis.

L'*Alphée*, fleuve d'Élide, prenait sa source en Arcadie, aux environs de Mégalopolis, arrosait la plaine d'Olympie et de Pise, et tombait dans la mer Ionienne. La fable raconte qu'Aréthuse, nymphe de l'Élide, se baignant un jour dans l'Alphée, inspira de l'amour au dieu du fleuve, et que pour échapper à sa poursuite, elle implora le secours de Diane, qui la transporta en Sicile et la changea en fontaine. Pline, et plusieurs écrivains anciens, ont cru que l'Alphée continuait son cours par-dessous la mer, et venait reparaître en Sicile pour mêler ses eaux aux eaux de son amante. C'est une des plus heureuses fables de l'antiquité. On voit que Virgile la reproduit ici avec complaisance.

— 3. *Helori. Hélore*, aujourd'hui *Attellari*, rivière de Sicile, dans la partie orientale. Elle a son embouchure un peu au nord du cap Pachynum. Elle traverse un pays gras et fertile, *prœpingue solum*, et contribue à le fertiliser par ses débordements, dont les effets sont aussi heureux pour les pays voisins, que ceux du Nil le sont pour l'Égypte. Les environs d'Hélore sont ravissants et ont mérité le nom d'*Helorina Tempe*.

— 4. *Camarina.... Geloi.... immanisque Gela.... Acragas.... Selinus.... Lilybeia.... Drepani.* — *Camarina*, ville de Sicile, sur la côte méridionale, bâtie sur une hauteur, au pied de laquelle était un lac qui en défendait les approches, mais dont les exhalaisons incommodaient les habitants. Ils entreprirent de le dessécher, contre la défense de l'oracle, et par ce desséchement, ils ouvrirent aux ennemis les portes de leur ville. De là le proverbe, *Camarinam ne move*, auquel Virgile fait allusion. — *Geloi. Gélas*, fleuve qui coule dans le voisinage de la ville de *Géla*, à laquelle il a donné son nom. — *Acragas*, nom d'*Agrigente*, aujourd'hui *Girgenti*, dans la Sicile méridionale. — *Selinus*, *Sélinonte*, aujourd'hui *Torre di Polluce*, ville de la Sicile occidentale. Il en reste des ruines magnifiques qu'on voit au sud de Pilieri. — *Lilybeia*, *Lilybée*, un des trois promontoires qui firent donner à la Sicile le nom de *Trinacria*. Ce cap se nomme aujourd'hui *cap Boeo*. Une ville du même nom, et la place la plus importante que les Carthaginois eussent en Sicile, au temps de la première guerre punique, était auprès du cap. C'est aujourd'hui *Marsalla*. — *Drepani*, *Drepanum*, *Drepane*, aujourd'hui *Trapani*, ville et promontoire de Sicile, sur la côte occidentale, au nord de Lilybée, et au pied de l'Éryx.

LIBRAIRIE DE L. HACHETTE ET Cie,

RUE PIERRE-SARRAZIN, Nº 14, A PARIS

(Près de l'École de médecine).

CLASSIQUES GRECS, LATINS ET FRANÇAIS

NOUVELLES ÉDITIONS FORMAT IN-12

PUBLIÉÉS AVEC DES NOTES EN FRANÇAIS.

(Les noms des Annotateurs sont indiqués entre parenthèses.)

Ces éditions se recommandent par 1º la correction des textes ; 2º la clarté des notes ; 3º la bonne exécution typographique ; 4º la solidité des cartonnages ; 5º la modicité des prix.

CLASSIQUES GRECS.

EN VENTE :

ARISTOPHANE : *Plutus.* (Ducasau.) Prix. 1 fr. 20 c.

BABRIUS : *Fables.* (Th. Fix.) 60 c.

DÉMOSTHÈNE : *Discours contre la loi de Leptine.* (Stiévenart, doyen de la Faculté des lettres de Dijon.) 90 c.

— *Discours pour Ctésiphon ou sur la Couronne.* (E. Sommer, agrégé des classes supérieures, docteur ès lettres.) 1 fr. 10 c.

— *Harangue sur les prévarications de l'ambassade.* (Stiévenart.) 1 fr. 25 c.

— *Les trois Olynthiennes.* (Materne, censeur du lycée Saint-Louis.) 45 c.

— *Les quatre Philippiques* (Materne.) Prix. 70 c.

ESCHYLE : *Le Sept contre Thèbes.* (Materne.) 1 fr.

ÉSOPE : *Fables choisies.* (E. Sommer.) Prix. 90 c.

EURIPIDE : *Électre.* (Fix.) 1 fr.

— *Hécube.* (A. Regnier.) 90 c.

— *Hippolyte.* (Th. Fix.) 1 fr.

— *Iphigénie en Aulide.* (Th. Fix et Ph. Le Bas.) 90 c.

HÉRODOTE : Livre premier, *Clio.* (Som-

HOMÈRE : *Odyssée.* (Sommer.) 3 fr. L'*Odyssée* se vend aussi divisée en six parties. Prix de chaque partie. 65 c.

ISOCRATE : *Archidamus.* (C. Leprévost, professeur au lycée Bonaparte.) Prix. 60 c.

— *Éloge d'Evagoras.* (Sommer.) 50 c.

LUCIEN : *Choix de dialogues des morts.* Nouvelle édition conforme au texte officiel. (Pessonneaux, professeur au lycée Napoléon.) 90 c.

— *Nigrinus.* (C. Leprévost.) 50 c.

— *Le Songe ou sa vie.* (C. Leprévost.) Prix. 50 c.

PINDARE : (Th. Fix et Sommer) :

— *Isthmiques* (les). 1 fr.

— *Néméennes* (les). 1 fr. 25 c.

— *Olympiques* (les). 1 fr. 75 c.

— *Pythiques* (les). 1 fr. 75 c.

PLATON : *Alcibiade* (le 1er). 70 c.

— *Alcibiade* (le 2e). 60 c.

— *Apologie de Socrate* (Talbot, professeur au lycée Charlemagne.) 65 c.

seur agrégé de philosophie à la Faculté des lettres de Paris.) 50 c.

PLATON : *Phédon.* (Sommer.) 65 c.

PLUTARQUE : *De la lecture des poëtes.* (Ch. Aubert , professeur au lycée Louis-le-Grand.) 1 fr. 25 c.

— *De l'éducation des enfants.* (C. Bailly, inspecteur d'académie.) 75 c.

— *Vie d'Alexandre.* (V. Bétolaud , professeur au lycée Charlemagne.) 90 c.

— *Vie de César.* (Materne.) 90 c.

— *Vie de Cicéron.* (Talbot, professeur au lycée Louis-le-Grand). 90 c.

– *Vie de Démosthène.* (Sommer.) 90 c.

— *Vie de Pompée.* (Druon, proviseur du lycée de Cahors.) 1 fr.

— *Vie de Solon.* (Deltour, professeur au lycée Louis-le-Grand.) 1 fr.

PLUTARQUE : *Vie de Thémistocle.* (Sommer.) 90 c.

SOPHOCLE : *OEdipe roi.* (Delzons, professeur au lycée de Rouen.) 1 fr.

THÉOCRITE : *Idylles choisies.* (L. Renier.) 1 fr. 25 c.

THUCYDIDE : *Guerre du Péloponnèse*, livre IIe. (Sommer.) 1 fr. 60 c.

XÉNOPHON : *Anabase*, livre premier. (Moncourt, professeur à la Faculté des lettres de Clermont.) 1 fr.

— *Cyropédie.* Livre premier. (C. Huret, inspecteur d'Académie.) 65 c.

— *Cyropédie.* Livre deuxième. (Huret.) Prix. 65 c.

— *Entretiens mémorables de Socrate* (les quatre livres). (Sommer.) 2 fr.

Chaque livraison séparément. 60 c.

CLASSIQUES LATINS.

EN VENTE :

CICERO : *De Amicitia dialogus* (A. Legouëz, professeur au lycée Bonaparte.) Prix. 25 c.

— *De Officiis libri tres.* (H. Marchand, professeur au lycée de Versailles.) Prix. 90 c.

— *De Oratore libri tres.* (V. Bétolaud, professeur au lycée Charlemagne.) Prix. 1 fr. 50 c.

— *De Senectute dialogus.* (V. Paret, professeur au collége Rollin). 25 c.

— *Epistolæ selectæ.* (E. Sommer, agrégé des classes supérieures, docteur és lettres.) 50 c.

— *In Catilinam orationes quatuor.* (E. Sommer.) 40 c.

— *In Verrem oratio de Signis.* (J. Thibault, ancien élève de l'École normale supérieure.) 40 c.

— *In Verrem oratio de Suppliciis.* (O. Dupont, ancien professeur au lycée Napoléon.) 40 c.

— *Pro Archia poeta.* (A. Chansselle, professeur au lycée d'Alger.) 20 c.

— *Pro Ligario.* (Matern, censeur du lycée Sain-Louis.) 20 c.

— *Pro Marcello.* (Materne.) 20 c.

— *Pro Milone.* (E. Sommer.) 25 c.

— *Pro Murena.* (J. Thibault.) 25 c.

— *Tusculanarum quæstionum libri quinque.* (C. Jourdain, agrégé de phi-

·losophie près les Facultés des lettres.) Prix. 1 fr. 25 c.

CONCIONES : (F. Colincamp, professeur à la Faculté des lettres de Douai.) Prix. 2 fr.

CORNELIUS NEPOS : *Opera quæ supersunt.* (L. Quicherat.) 80 c.

HEUZET : *Selectæ e profanis scriptoribus historiæ.* (C. Leprévost, professeur au lycée Bonaparte.) 1 fr. 50 c.

HORATIUS FLACCUS (Sommer.) 1 f. 80

JUSTINUS : *Historiæ Philippicæ.* (E. Pessonneaux, professeur au lycée Napoléon.) 1 fr. 25 c.

LHOMOND : *De Viris illustribus Romæ.* (Chaine et Pront, anciens professeurs au lycée Charlemagne.) 90 c.

OVIDIUS : *Choix des Métamorphoses.* Nouvelle édition conforme au texte officiel. (G. Lesage, directeur de l'institution Barbet-Massin.) 1 fr. 25 c.

— *Selectæ fabulæ ex libris Metamorphoseon* (G. Lesage.) 1 fr.

PHÆDRUS : *Fabularum libri quinque, cum fabellis novis.* Édition suivie des imitations de La Fontaine et de Florian. (E. Talbert, censeur du lycée Charlemagne.) 75 c.

QUINTUS CURTIUS RUFUS : *De rebus*

gestis Alexandri Magni libri super-stites. (G. Lesage.) 1 fr. 50 c.
SALLUSTIUS : *Catilina et Jugurtha.* (Croiset, professeur au lycée Saint-Louis.) 90 c.
TERENTIUS : *Adelphi.* (V. Bétolaud, prof. au lycée Charlemagne.) 75 c.
TITUS LIVIUS : *Narrationes selectæ*

et res memorabiles. (E. Sommer, agrégé des classes supérieures, docteur ès lettres.) 1 fr. 25 c.
VIRGILIUS MARO : *Opera.* (E. Sommer.) 2 fr.
— *Les Bucoliques et les Géorgiques* séparément. 75 c.

CLASSIQUES FRANÇAIS.

EN VENTE :

BOILEAU : *OEuvres poétiques.* (E. Geruzez, agrégé de la Faculté des lettres de Paris.) 1 fr. 25 c.

BOSSUET : *Discours sur l'histoire universelle.* (Olleris, doyen de la Faculté des lettres de Clermont.) 2 fr.

— *Oraisons funèbres.* (C. Aubert, professeur au lycée Louis-le-Grand.) Prix. 1 fr. 50 c.

CORNEILLE : *Théâtre choisi.* (E. Geruzez.) 2 fr. 50 c.

FÉNELON : *Dialogues des morts.* (B. Jullien, docteur ès lettres, licencié sciences.) 1 fr. 50 c.

— *Dialogues sur l'éloquence.* (Delzons, professeur au lycée de Rouen.) 75 c.

— *Opuscules académiques* contenant le discours de réception à l'Académie française, le mémoire sur les occupations de l'Académie et la lettre à l'Académie sur l'Éloquence, la Poésie, l'Histoire. (Delzons.) 75 c.

— *Les Aventures de Télémaque,* suivies des *Aventures d'Aristonoüs,* contenant les passages des auteurs grecs, latins et français, imités dans le *Télémaque,* des notes géographiques, et une notice sur Fénelon. (A. Chassang, docteur ès lettres.) 1 fr. 25 c.

LA FONTAINE : *Fables,* précédées d'une notice biographique et littéraire et suivies de *Philémon et Baucis.* (E. Geruzez, agrégé de la Faculté des lettres de Paris.) 1 fr. 50 c.

MASSILLON : *Petit Carême.* (F. Colincamp, professeur à la Faculté des lettres de Douai.) 1 fr. 50 c.

MONTESQUIEU : *Considérations sur les causes de la grandeur des Romains et de leur décadence.* (C. Aubert, professeur au lycée Louis-le-Grand.) 1 fr. 25 c.

RACINE : *Théâtre choisi.* (E. Geruzez.) Prix. 2 fr. 50 c.

ROUSSEAU (J. B.) : *OEuvres lyriques,* suivies des plus belles odes des Lyriques français, et d'un recueil d'épigrammes. (E. Geruzez.) 1 fr. 50 c.

VOLTAIRE : *Histoire de Charles XII,* (Brochard-Dauteuille, ancien élève de l'École normale supérieure, agrégé d'histoire.) 1 fr. 50 c.

— *Siècle de Louis XIV.* (Garnier, agrégé d'histoire.) 2 fr. 50 c.

— *Théâtre choisi.* (E. Geruzez.) 2 fr. 50 c.

DICTIONNAIRES CLASSIQUES.

LANGUE LATINE.

DICTIONNAIRE FRANÇAIS-LATIN, composé sur le plan du *Dictionnaire latin-français* et tiré des auteurs classiques latins pour la langue commune, les auteurs spéciaux pour la langue technique, des Pères de l'Église pour la langue sacrée et du Glossaire de Du Cange pour la langue du moyen âge, par M. L. QUICHERAT, agrégé de l'Université. 1 vol. grand in-8. Prix, cartonné en toile. 9 fr.

LEXIQUE FRANÇAIS-LATIN, à l'usage des commençants, extrait du *Dictionnaire français-latin* de M. L. QUICHERAT, et augmenté de toutes les formes de mots irréguliers ou difficiles; par M. SOMMER. 1 vol. in-8. Pr., cart. 3 fr. 50 c.

DICTIONNAIRE LATIN-FRANÇAIS, contenant plus de 1500 mots qu'on ne trouve dans aucun lexique publié jusqu'à ce jour, par MM. L. QUICHERAT, agrégé de l'Université, et A. DAVELUY, ancien professeur de rhétorique au lycée Napoléon, suivi d'un *Vocabulaire latin-français des noms propres de la langue latine*, par M. L. QUICHERAT. Ouvrage autorisé par le Conseil de l'instruction publique. 1 volume grand in-8. Prix, cartonné. 9 fr.
 Le même ouvrage, sans le *Vocabulaire*, cartonné. 8 fr.

LEXIQUE LATIN-FRANÇAIS, à l'usage des commençants, extrait du Dictionnaire latin-français de MM. QUICHERAT et DAVELUY, et augmenté de toutes les formes de mots irréguliers ou difficiles ; par M. SOMMER, agrégé des classes supérieures, docteur ès lettres. 1 volume in-8. Prix, cartonné. 3 fr. 50 c.

THESAURUS POETICUS LINGUÆ LATINÆ, ou Dictionnaire prosodique et poétique de la langue latine, par M. L. QUICHERAT. Ouvrage autorisé par le Conseil de l'instruction publique. 1 volume grand in-8. Prix, cartonné. 8 fr.

LANGUE GRECQUE.

DICTIONNAIRE GREC-FRANÇAIS, par M. C. ALEXANDRE, inspecteur général de l'instruction publique. 11e *édition, entièrement refondue par l'auteur et considérablement augmentée*. Ouvrage autorisé par le Conseil de l'instruction publique. 1 très-fort volume grand in-8. Prix, cartonné. 15 fr.

ABRÉGÉ DU DICTIONNAIRE GREC-FRANÇAIS, à l'usage des commençants, contenant tous les mots indistinctement et toutes les formes difficiles de la Bible, de l'Iliade et des auteurs qu'on explique dans les classes inférieures; par le même auteur. Ouvrage autorisé par le Conseil de l'instruction publique. 1 volume de 750 pages. Prix, cartonné. 7 fr. 50 c.

DICTIONNAIRE FRANÇAIS-GREC, par MM. ALEXANDRE, inspecteur général de l'instruction publique; PLANCHE, professeur émérite de rhétorique, et DEFAUCONPRET, directeur du collège Rollin. Nouvelle édition, refondue et augmentée. Ouvrage autorisé par le Conseil de l'instruction publique. 1 volume grand in-8. Prix, cartonné. 15 fr.

LEXIQUE FRANÇAIS-GREC, à l'usage des classes élémentaires, rédigé sur le plan du *Lexique français-latin*, extrait du grand dictionnaire de M. Quicherat, par M. Fréd. DÜBNER. 1 vol. in-8, cart. 6 fr.

DICTIONNAIRE (NOUVEAU) FRANÇAIS-GREC, par M. OZANEAUX, inspecteur général de l'instruction publique; avec la collaboration de MM. ROGER et EBLING, 1 volume in-8. Prix, cartonné. 15 fr.

LANGUE ALLEMANDE.

DICTIONNAIRE CLASSIQUE ALLEMAND-FRANÇAIS ET FRANÇAIS-ALLEMAND, par W. DE SUCKAU. Ouvrage autorisé par le Conseil de l'instruction publique et adopté par le collège militaire de la Flèche et l'École de Saint-Cyr. 2 volumes petit in-8. Prix, brochés. 10 fr.
 Les deux volumes cartonnés en un. 11 fr.

www.ingramcontent.com/pod-product-compliance
Lightning Source LLC
Chambersburg PA
CBHW070126100426
42744CB00009B/1755